예수님 뭉클

김태영 지음

아바서원

목차

예수님

뭉클

성경은 흥미진진한 이야기로 가득합니다. 예수님은 탁월한 이야기꾼이었습니다. 예수님은 세상과의 소통에도 달인이었습니다. 오늘날 성경은 지루한 책으로 취급받고 있을 뿐만 아니라, 성경의 이야기들을 흥미롭게 풀어내는 일에 실패한 면이 많았습니다. 저자는 소통의 중요성을 알고 세상 속에 진리를 어떻게 풀어내야 할 것인가를 고민하며 책을 펴냈습니다. 복음서 안의 이야기들을 저자만의 독특한 방식으로 편안하게 끌어가고 있어 일단 책을 든 사람이라면 끝까지 읽게 만듭니다. 식상하지 않으면서도 진지하게, 그리고 먼 이야기가 아니라 일상의 이야기로 복음서를 다루고 있습니다. 차분하게 읽다 보면 곳곳에서 뭉클하게 하는 감동과 함께 삶을 일으키는 진한 여운을 느낄 수 있을 것입니다.

이규현 목사(수영로교회 담임)

왜 울음은 눈에서 흘러내릴까?

저는 눈물이 없는 사람이라고 생각했습니다. 하지만 눈물을 참는 게 익숙했던 것뿐이란 걸 알게 되었습니다. 눈물을 참는 게 얼마나 아프고 힘든 일이라는 걸 잘 압니다. 하지만 다 큰 성인이 마음 놓고 울 수 없다는 것도 잘 압니다. 눈물을 보여도 괜찮은 사람이 있고, 눈물을 감춰야 하는 사람도 있습니다. 부모님 앞에서는 걱정하실 것 같아, 자녀 앞에서는 든든하고 강한 부모가 되고 싶어 울지 못합니다. 사람들에게 괜한 오해를 받고 싶지 않아, 부담을 주고 싶지 않아, 결례 같아 눈물을 감춥니다.

저는 사람들의 눈물을 닦아 주고 싶었습니다. 펑펑 울어도 괜찮다고 말해주고 싶었습니다. 우리는 가슴에 그 누구에게도 말할 수 없는 '다친 마음'을 갖고 살아갑니다. 그 누구 앞에서도 울지 못하고 꾹꾹 눌러 참으며 괜찮은 척 웃지만, 점

점 사람에게도 주님께도 '닫힌 마음'으로 살아갈 뿐입니다. 그래서 저는 수가성 사마리아 여인에게 하신 예수님 말씀처럼(요4:13-15) '울고목마름 다시 울지 않을 영원한 위로샘물'를 나누고 싶었습니다. 예수님 앞에서 울며, 예수님 안에서 참된 위로를 얻는 예수님의 뭉클한 사랑을 나누고 싶었습니다. 우리 예수님 앞에서는 울어도 됩니다. 울수록 치유가 일어납니다. 혼자 울고 닦아낼 눈물이 아닌 예수님이 닦아주실 눈물이기 때문입니다.

이 책은 예수님과 우리의 이야기입니다. 복음서를 잠잠히 읽다가 멈춰 섭니다. 예수님 가까이 서성이며 심장 소리를 엿들었습니다. 쉬 읽어 내려가며 놓쳤던 예수님의 사랑에 가슴이 데워집니다. 얼마나 많은 그분의 사랑이 단어와 단어 사이에 가득 담겨 있는지요. 숨겨진 보화처럼 말이지요. 저는 예수님의 탄생부터 십자가 죽으심과 부활 이후까지 여덟 가지 큰 사건을 중심으로 숨겨진 보화를 캐내듯 묵상했습니다. 그리고 '예수님 뭉클'이라는 이름으로 엮어 여러분 심장에 전하게 되었습니다.

글을 쓰며 제 곁의 사랑하는 이들이 아무도 모르게 흘린 수

예수님
뭉클

많은 눈물이 떠올랐습니다. "왜 울음은 눈에서 흘러내리는 걸까?" 문득 생각이 스쳤습니다.

무언가 이유가 있을 것 같아 생각에 잠겼습니다.

다른 곳이 아닌 얼굴에서,

그것도 제일 잘 보이는 눈에서.

슬쩍 울고 닦아내면 모를 보이지 않는 어느 곳이 아닌….

하나님은 왜 눈에서 눈물을 흘리게 하셨을까요?

눈에서 감정의 물이 흘러내리는 건

시야를 흐리게 해 앞을 덜 보도록 한

주님의 사랑 같았습니다.

'슬픔을 덜 보라고.

그리고 나를 보라고….'

눈에서 눈물을 흘리는 건

눈을 씻어주시는 것 같았습니다.

'깨끗하게, 맑게, 새롭게 보라고….'

《예수님 뭉클》을 읽는 분들이

새롭게 앞을 보고,

슬픔과 아픔과 외로움을 모두 알고 계시는

나보다 나를 더 사랑하시는

주님을 더 보셨으면 좋겠습니다.

그래서

다친 마음, 닫힌 마음이 씻기면 좋겠습니다.

이 책이 나오기까지 기쁨의 눈물이 되어준 저와 눈을 마주한 모든 성도님께 감사드립니다. 저는 그 눈을 잊지 않길 기도합니다. 언제나 제게 큰 버팀목이 되어주시는 이규현 목사님, 이 책을 먼저 읽고 가슴에 담긴 말로 추천해 주신 연예인을 섬기시는 이해원 목사님, 김광한 피디님, 정보영 대표님, 배우 문지인 님, 코미디언 김기리 님, 배우 최강희 님, 김성민 목사님, 코미디언 이성미 님께 깊은 감사를 드립니다. 저와 독자들께 큰 선물을 주셨습니다. 하나님이 보내주신 돕는 천사 '아바서원' 최규식, 정선숙 대표님께 감사드립니다. 복음을 듣도록 믿음의 자리에서 낳고 길러 주신 사랑하는 김봉구, 정분남 내 아버지 어머니, 복으로 주신 김성진 아버님, 김태연 어머님께 사랑과 존경을 드립니다. 마지막으로 하나님 보

예수님

뭉클

물 나의 그대 희은 그리고 두 아들 서준과 현준, 제 가족이 되어주어 감사합니다.

글을 읽고 있는 여러분께 감사를 드립니다.
함께 뭉클할 여러분의 삶을 응원합니다.
이 책을 읽으며 예수님의 위로가 가득하시길 제가 매일 기도하고 있을 겁니다.

하늘이 가까운 날에
김태영

태어난 날이 서러울 때

#구유에누이신예수님

이해원 목사 — 하맘성경연구원 부원장

이 책의 저자처럼 예수님의 탄생을 묘사한 책을 본 적이 없습니다. 김태영 목사님은 마치 본인이 성경의 시간 그 현장에 있었던 것처럼 너무나 생생하게 독자들을 이끌어 줍니다. 저자의 독특한 상상력과 신학적으로 탄탄한 전문성이 가미된 신선하고 신비로운 해석이 읽는 독자들의 마음을 뭉클하게 할 것입니다.

'후국~ 후국~ 후국~ 후국~'

우리는 모두 작디작은, 그럼에도 참 생명인 태아의 때가 있었습니다. 태아였던 우리는 초음파를 통해서나 확인할 수 있던 생명체였습니다. 초음파 기술이 처음 사용된 것은 1940년대 미국 국립해군의료센터National Naval Medical Center입니다. 하지만 세상에 초음파 기술이 나오기 전, 새 생명의 심장 소리를 아무도 들을 수 없을 때도 하나님은 다 듣고 계셨습니다. 태아였던 우리의 작은 소리도, 미세한 움직임도 주님은 다 듣고 보고 계셨습니다.

신기한 것은 엄마 배 속 태아도 바깥의 소리를 듣는다는 겁니다. 누가복음 1장에 세례요한이 '태아 요한'일 때입니다. 예수님을 잉태한 마리아가 요한의 엄마 엘리사벳을 찾아왔습니다. 태중에 있던 요한은 인류의 구원자이신 예수님의 성육신 소식을 듣습니다. 요한은 모태에서부터 하나님 나라를 꿈꾸며 뛰놀았습니다. 성령 충만했습니다.

> "엘리사벳이 마리아가 문안함을 들으매 아이가 복중에서 뛰노는지라 엘리사벳이 성령의 충만함을 받아 큰 소리로 불러 이르되 여자 중에 네가 복이 있으며 네 태중의 아이도 복이 있도다"(누가복음 1:41-42)

그런데 요한이 태어나고 몇 달이 지나지 않아 로마 제국의 황제 가이사 아구스도가 명령을 내립니다.

> "그 때에 가이사 아구스도가 영을 내려 천하로 다 호적하라 하였으니"(누가복음 2:1)

로마 제국의 인구조사는 통상 세금 징수와 군인 징집을 위한 준비였습니다. 이천 년 전 고대 도시에서의 인구조사는 많은 시간과 수고가 들어가는 일이었기에 흔치 않은 사건이었습니다. 로마 제국 아래에서 이스라엘의 인구조사는 이번이 두 번째입니다. 이스라엘에게 인구조사는 유쾌하지 않은 일이었습니다. 과거 민족적 아픔이 있었기 때문입니다. 다윗

왕은 하나님의 능력이 아닌 자신의 힘을 과시하기 위해 인구조사를 강행합니다. 그 결과 사흘 만에 칠만 명이 전염병으로 죽었습니다. 온 이스라엘이 사랑하는 가족과 이웃의 죽음으로 울어야 했습니다. 트라우마가 얼마나 컸던지 인구조사 결사반대를 외치는 이들이 세력을 규합해 항거하기도 했습니다.

"그 후 호적할 때에 갈릴리의 유다가 일어나 백성을 꾀어 따르게 하다가 그도 망한즉 따르던 모든 사람들이 흩어졌느니라"(사도행전 5:37)

예수님 탄생 직전 내려진
호적 명령은
흔치 않은 일,
곧 하나님의
비상 개입이었습니다.

카탈뤼마

요셉도 호적 할 채비를 합니다. 갈릴리 나사렛에서 유대 베들레헴까지, 가는 길에 따라 백삼십 킬로미터에서 백육십 킬로미터의 멀고도 먼 길입니다. 일주일은 꼬박 걸리는 험한 산길입니다. 그나마 다행인 것은 당시의 호적은 가장인 남자만 하면 되었습니다. 그런데도 요셉은 만삭인 아내를 데려갈 심산입니다. 만삭인 마리아에게는 힘든 여정이 예상됩니다. 하지만 요셉은 임신한 아내가 배부른 채로 홀로 남아있는 것이 마음에 쓰였을 겁니다. 혼인예식 전 임신한 여인을 향한 따가운 시선, 그래서 환영받지 못할 출산, 혹여 자신이 돌아오기 전에 아이를 낳게 된다면 그 두렵고 외로운 손을 잡아주지 못할까 봐 마음이 걸렸을 겁니다. 요셉은 사랑하는 아내 마리아의 배에 손을 얹고 하나님의 도우심을 간구하며 기도하고 먼 길을 출발했을 겁니다. 아내의 손을 꼭 잡고 고향 베들레헴으로 향했을 겁니다.

가난한 목수 요셉은 비록 갈릴리 나사렛 빈민가에 살고 있지만 왕족이었습니다. 성경은 요셉을 단순히 유다 지파라고만 묘사하지 않고, 다윗 왕의 후손으로서 다윗의 동네 베들레헴 사람임을 특정하며 반복해서 다윗과 연관 짓습니다.

예수님

몽클

"모든 사람이 호적하러 각각 고향으로 돌아가매 요셉도 다윗의 집 족속이므로 갈릴리 나사렛 동네에서 유대를 향하여 베들레헴이라 하는 다윗의 동네로"(누가복음 2:3-4)

요셉과 마리아는 어느새 나사렛 동네에서 다윗의 동네로 왔습니다. 다윗의 동네에 도착하자 마리아의 해산 날이 찾아왔습니다.

"첫아들을 낳아 강보로 싸서 구유에 뉘었으니 이는 여관에 있을 곳이 없음이러라"(누가복음 2:7)

드디어 마리아는 첫아들, 예수님을 낳았습니다. 그런데 예수님이 사람의 처소가 아니라 짐승의 처소에 누워 있습니다. 그 까닭은 여관에 있을 곳이 없었기 때문입니다. '여관'이라고 쓴 헬라어 단어는 '카탈뤼마^{κατάλυμα}'입니다. 이 단어는 오늘날의 '여관'의 의미보다는 '객실'이라는 뜻에 가깝습니다. 생각해 보면 이천 년 전 팔레스타인 지역 작은 시골 마을에 여관업이 보편적이지는 않았을 겁니다.

이 여관이라는 단어가 잘 아는 집의 '객실'이라면 마치 우리네 '사랑방'처럼 집안 친척들과 손님들이 묵을 방이라고 생각할 수 있습니다. 이런 의미로 다시 누가복음 2장 7절을 읽어보면 만삭인 아내의 손을 잡고 친척 집을 찾아다니던 요셉의 표정과 마음이 그려집니다. 하지만 요셉의 절박한 마음과 달리 요셉과 마리아 그리고 아기 예수님을 돌봐 줄 친척은 없었습니다.

다윗의 동네는 자기 친족과 나그네와 객을 환대하라는 하나님 말씀이 사라진 지 오랜 듯합니다. 그렇게 가난한 갈릴리 나사렛 목수 요셉은 고향 베들레헴 다윗왕 문중으로 돌아왔지만 그를 반겨줄 변변한 친척과 이웃이 없었습니다.

왜 만왕의 왕이신 예수님은 이렇게 가난하고 미약한 집안을 택했을까요? 우리처럼 태어날 가정을 스스로 정할 수 없는 것도 아닌데 말이죠. 그런데 주님은 그렇게 가난한 집안을 선택했습니다. 그리고 세상을 얼마나 사랑하는지 보여주기 위해 하늘 신분에서 태어나자마자 땅의 사람으로 호적 했습니다.

그것도 뿌리 한 가닥
제대로 내리지 못한 연한 순 같고
마른 땅 부스러기 같고
지푸라기 하나 잡을 것 없고

예수님

몽클

기댈 곳 하나 없는 가문을 선택해
우리에게 오셨습니다.
그런데도 주님은 그런
낮고 가난한 자리에 오심을
기뻐하셨습니다.

"그는 주 앞에서 자라나기를 연한 순 같고 마른 땅에서 나온 뿌리 같아서 고운 모양도 없고 풍채도 없은즉 우리가 보기에 흠모할 만한 아름다운 것이 없도다 그는 멸시를 받아 사람들에게 버림 받았으며 간고를 많이 겪었으며 질고를 아는 자라 마치 사람들이 그에게서 얼굴을 가리는 것 같이 멸시를 당하였고 우리도 그를 귀히 여기지 아니하였도다"(이사야 53:2-3)

누울 곳 없는 예수님

예수님은 탄생하실 때 '카탈뤼마'가 없었습니다. 성경은 이 헬라어 단어를 단 두 번 사용합니다. 예수님이 탄생하실 때, 그리고 돌아가시기 전 최후의 만찬 때입니다. 예수님은 이 땅에 탄생한 밤부터 마지막 날 밤까지 '카탈뤼마', 즉 머물 곳이 없었습니다. 예수님의 첫 카탈뤼마는 없었고, 마지막 카탈뤼마는 직접 마련해야 했습니다.

"그 집 주인에게 이르되 선생님이 네게 하는 말씀이 내가 내 제자들과 함께 유월절을 먹을 객실카탈뤼마이 어디 있느냐 하시더라 하라"(누가복음 22:11)

예수님은 사람을 위해서 이 땅에 오셨는데 자기 땅의 사람들은 예수님을 위하지 않았습니다. 인자는 머리 둘 곳이 없었습니다. 자기 방을 내주는 이가 단 한 명도 없었습니다.

"내 속엔 내가 너무도 많아
당신의 쉴 곳 없네
내 속엔 헛된 바램들로
당신의 편할 곳 없네

내 속엔 내가 어쩔 수 없는 어둠
당신의 쉴 자리를 뺏고
내 속엔 내가 이길 수 없는 슬픔

예수님

몽클

무성한 가시나무 숲 같네"

시인과 촌장이 노래한 〈가시나무〉의 가사입니다. 마치 이 노랫말은 베들레헴에 예수님을 위한 빈방이 없듯, 오늘 우리의 마음에 예수님이 머물 카탈뤼마가 없다는 것만 같습니다. 호적 하러 온 많은 다윗의 후손들, 그들의 이름이 호적대장에는 기록되었을지라도 하나님의 생명책에 기록되었는지 확신할 수는 없습니다. 이들은 고아와 과부와 나그네를 선대하라는 하나님의 말씀을 외면했습니다. 만삭의 해산이 임박한 여인과 자기 가문에 탄생할 새 생명을 외면했습니다.

예수님은 카탈뤼마, 누울 곳이 없었습니다.
가축우리, 구유에 누이셨습니다.

저의 첫아들이 태어났을 때입니다. 2013년 성탄절 즈음이었습니다. 저는 갓난아이를 안고 잠을 재우며 찬송가를 불렀습니다. 아이를 위해 자장가로 찬송가를 불렀지만 오히려 제가 은혜를 많이 받았습니다. 아내는 나지막이 불러 달라고 했지만 저는 또록또록 불렀습니다. 어느 책에서 아빠의 낮고 굵직한 목소리가 양수 속 소리와 비슷해 안정감을 주고, 아기

정서에 더할 나위 없이 좋다는 것을 보았습니다. 그래서 제 목소리가 엄마 배 속처럼 편안하고, 또 아이의 영혼에 찬송이 새겨지길 바라며 또렷이 선명하게 불렀습니다. 그런데 저는 찬송가 한 장을 다 부르지 못하고 울곤 했습니다.

"그 어린 주 예수 눌 자리 없어
그 귀하신 몸이 구유에 있네
저 하늘 별들이 반짝이는데
그 어린 주 예수 꼴 위에 자네

저 육축 소리에 아기 잠 깨나
그 순하신 예수 우시지 않네
그 귀한 예수를 나 사랑하니
새날이 밝도록 함께 하소서

주 예수 내 곁에 가까이 계셔
그 한없는 사랑 늘 베푸시고…"

제 품에 안긴 아들을 보며 아기 예수님 생각이 났기 때문입니다.

예수님

뭉클

"오늘 다윗의 동네에 너희를 위하여 구주가 나셨으니 곧 그리스도 주시니라 너희가 가서 강보에 싸여 구유에 뉘어 있는 아기를 보리니"(누가복음 2:11-12)

산부인과도, 조리원도, 누울 자리도
머리 둘 곳도 없었던 예수님.
속싸개 겉싸개로 감싸고
면역력이 약해 탈이 날까 닦고 또 닦고
치우고 또 치우는 신생아실과
극명히 대조되는 곳에 누인 예수님.
우리 주님은 그렇게
구유에 누이셨습니다.
짐승의 침과 배설물이 뒤섞여 있는 곳,
여물의 섶이 삐죽한 곳에
아기 예수님이 누이셨습니다.

사랑의 구유

주일학교 시절부터 크리스마스가 되면 예수님이 태어나던

때의 설교를 들었습니다. 교회에서 선물로 받은 동화책에도 아기 예수님이 우리에게 오신 이야기가 담겨 있었습니다. 그래서 머릿속으로 '말구유'를 가운데 두고 모여 앉은 마리아와 요셉과 동방박사와 목동들의 모습을 떠올리곤 했습니다. 그런 상상을 하던 언제부턴가 예수님이 누인 구유가 어쩌면 '말구유'가 아닐지도 모른다고 생각했습니다. 성경을 읽어보니 '말구유'가 아니라 '구유'라 쓰여 있는 걸 발견했기 때문입니다.

성경을 읽고 이런저런 자료를 살펴보며 이것이 단순한 상상력으로 인한 호기심이 아니라 꼭 기억해야 할 메시지가 담겨 있다고 생각하게 되었습니다. 누가복음에서 '표적'이라고 기록되어 있기에 제대로 이해하고 해석해야 한다고도 생각했습니다. 그래서 '구유'에 담긴 메시지를 제대로 읽어야겠다고 마음먹었습니다.

저는 구유에 어울릴 만한 가축 후보군을 추려 보았습니다. 익히 들었던 말구유일까? 혹은 어릴 적 할아버지 댁에 있던 소구유일까? 돼지의 구유는 아니겠지? 성경에 자주 나오는 양과 염소의 구유인가? 우선 가장 많이 들어왔던 말구유부터 확인해 보기로 했습니다. 베들레헴은 작고 가난한 동네입니다. 반면 말은 값비싼 동물입니다. 게다가 신명기 17장에 하

예수님

몽클

나님께서는 왕에 대한 지침을 주면서 말을 많이 두지 말라고도 했습니다.

> "그는 병마를 많이 두지 말 것이요 병마를 많이 얻으려고 그 백성을 애굽으로 돌아가게 하지 말 것이니 이는 여호와께서 너희에게 이르시기를 너희가 이 후에는 그 길로 다시 돌아가지 말 것이라 하셨음이며"(신명기 17:16)

말은 전쟁과 힘과 관련되어 있기에 하나님만을 의지해야 할 이스라엘 왕이 의지하지 말아야 할 동물이었습니다. 솔로몬은 이 명령을 어기고 말을 많이 두었는데 그가 병거성과 병마를 둔 지역은 베들레헴과는 거리가 먼 므깃도였습니다. 베들레헴에 말이 있었을 가능성은 작습니다. 그리고 힘과 권력의 이미지를 가진 말의 구유에 겸손한 예수님이 누워 있는 모습은 어울리지 않는 것 같습니다.

말구유가 아니라면 혹시 소의 구유일까 살펴보았습니다. 소는 하나님께 드리는 제사의 제물로 쓰였기에 가능성이 있어 보였습니다. 그런데 이스라엘은 하나님을 송아지 형상의 우상으로 만들어 섬긴 참혹한 역사가 있습니다. 출애굽 때 아론의 금송아지 사건과 분열 왕국 때 여로보암이 만들어 하나님을 떠나게 한 금송아지 우상이 있습니다. 뿐만 아니라 사무엘하 6장에서 하나님의 궤를 소의 수레에 싣고 옮기다가 웃사가 궤에 손을 대 죽는 아픈 사건도 있었습니다. 이 모든 것들을 고려해 볼 때 소의 구유에 예수님이 태어나는 것도 조화롭지 않아 보입니다.

우리에게 익숙한 돼지는 이스라엘 사람들에게 부정한 짐승이며 불결의 상징이기에 고려 대상이 되지 못합니다. 그렇다면 염소일까요? 염소는 아사셀의 염소를 생각해 볼 때 속죄의 의미가 있긴 합니다. 그러나 예수님의 양과 염소의 비유 등에서 볼 수 있듯이 악한 자의 이미지로 사용되고 있기에 가능성은 희박해 보입니다. 이제 생각해 볼 수 있는 것은 양의 구유입니다. 누가복음에 그 단서가 있습니다.

"첫아들을 낳아 강보로 싸서 구유에 뉘었으니 이는 여관에 있을 곳이 없음이러라 그 지역에 목자들이 밤에 밖에서 자기 양 떼를 지키더니"(누가복음 2:7-8)

예수님의 탄생 소식을 알리려 천사가 목자들에게 나타났습니다. 그 목자들은 양의 목자들이었습니다. 천사가 다른 목자가 아닌 양의 목자들에게 전한 까닭은 그들이 아기 예수님을 쉽고 빠르게 찾을 수 있기 때문일 겁니다. 양의 목자에게 다른 어떤 동물들의 구유에 태어나신 예수님을 찾아 전하라고 스무고개 퀴즈를 하지 않았을 겁니다.

> "오늘 다윗의 동네에 너희를 위하여 구주가 나셨으니 곧 그리스도 주시니라 너희가 가서 강보에 싸여 구유에 뉘어 있는 아기를 보리니 이것이 너희에게 표적이니라 하더니"(누가복음 2:11-12)

목자들에게 세 가지 분명한 단서가 주어졌습니다. '다윗의 동네', '구유', '강보에 싸여 있는 아기'입니다. 양을 치던 목자들은 가장 먼저 익숙한 양의 구유를 찾았을 겁니다. 물론 제 추측만은 아닙니다. 성경학자들도 양의 구유임을 지지하고 있습니다. 가만히 생각해 보면 어린 양 되신 우리의 구세주 예수님이 양의 구유에서 태어나 누워있는 것이 성경과 가장 잘 어울립니다. 무엇보다 어린 양예수님의 피로 우리가 구원받았기 때문입니다.

어린 양의 피, 예수님 뭉클

구약성경을 살펴보면 수많은 예표와 모형으로 어린 양 되신 예수님을 예언합니다. 아브라함이 독생자 이삭을 대신해 바친 어린 숫양, 도수장에 끌려가는 어린 양과 털 깎는 자 앞에서 잠잠한 양같이 순종하시는 예수님을 비유한 이사야, 예수님을 가리켜 '세상 죄를 지고 가는 하나님의 어린 양'이라고 선포한 세례요한, 그리고 '생명책'에 대한 기록에서 유일하게 수식어로 쓰인 단어가 바로 '어린 양의 생명책'입니다. 이같이 수많은 성경의 예언을 생각해 보면 예수님이 겸손히 양의 구유에 오셨다고 보는 것이 이치에도 맞다고 생각합니다.

몇 해 전 저는 강원도 대관령 양떼목장을 다녀왔습니다. 한국의 알프스라 불릴 만큼 이국적인 풍경이 아름다웠습니다. 그날의 하늘은 파랗고 높았습니다. 잔디는 푸르고 싱그러웠습니다. 그 위에서 한가로이 풀을 뜯는 하얀 양들은 그야말로 그림이었습니다. 대관령의 아름다운 능선을 따라 청량한 바람이 불었고, 양 떼를 따라 언덕을 거닐었습니다.

양 우리에 도착해 건초 먹이 주기 체험을 했습니다. 엄마 양, 아빠 양, 아기 양들이 옹기종기 모여있었습니다. 양들이

배가 고팠는지 저희에게 우르르 몰려왔습니다. 울타리 사이로 주둥이를 내밉니다. 건초를 쥔 손을 양의 주둥이로 가져가려니 조금 무서웠습니다. 처음에는 제일 작고 귀여운 양에게 먹이를 주었습니다. 그리고 익숙해져 가까이 있는 여러 양들에게 나누어 주었습니다. 그러다 순식간에 한 양의 입에 건초를 든 제 손이 쑥 빨려 들어갔습니다. 순간 양의 이빨에 다칠까 봐 놀랐습니다. 깜짝 놀라서 재빨리 손을 뺐습니다. 그런데 느낌이 이상했습니다. 딱딱하고 날카로운 이빨이 아닌 대단히 부드러운 감촉이 느껴졌습니다. 정말 부드러웠습니다. 이빨이 없나? 왜 없지? 얘는 틀니를 하려고 대기 중인가? 엉뚱한 상상을 했습니다. 남은 건초를 여러 양에게 먹여주었고 또 한번 제 손이 양의 입에 들어가는 경험을 했습니다. 그런데도 여전히 부드러웠습니다.

무슨 까닭인지 궁금해 곧바로 검색했습니다. 놀라운 사실을 알게 되었습니다. 양은 원래 윗니가 없고 아랫니만 있다는 사실이었습니다. 혹여나 양의 종류에 따라 다른 것인지 아니면 성장주기에 따라 다른 것인지 찾아보았습니다. 뉴질랜드의 목양 산업 관련 영상을 보게 되었고, 모든 양은 윗니가 없고 아랫니만 있다는 것을 알게 되었습니다. 생각지 못한 감격이 밀려왔습니다.

'아, 그래서… 예수님이… 어린 양이시구나!'

양은 같이 노는 염소처럼 들이받는 성질이 없습니다. 염소의 이빨과 달리 아랫니만 있어서 그 누구에게도 위협적이지 않습니다. 시력은 나빠도 오히려 주인을 더 잘 알아보는 귀를 가졌습니다.

'그래 주님은 어린 양이시지, 주님은 참으로 온유하신 분이시지…'

양을 뒤로하고 언덕 아래로 내려왔습니다. 양떼목장 입구에서 뒤돌아서서 한참 동안 목장을 바라보았습니다. 고즈넉한 언덕 위의 양들을 바라보는 동안 어떤 광휘로움이 저를 둘러싸는 것 같았습니다. 가슴이 뜨거워졌습니다. 감동이 밀려왔습니다.

아! 하나님의 아들이, 사람이 되셨구나!

저 높은 하늘보다 더 높은 하나님이,
끝없는 우주를 창조하신 크고 큰 하나님이
사람이 되셨구나.

왕이지만 말과 군대를 이끌지 않고

예수님

몽클

어린 양으로 누울 자리 없이 오셨구나.

태어난 날이 원망스럽고
태어난 가정이 보금자리가 되어주지 못해
아파할 인생을 위해 구유에 누이셨구나.
양처럼 나지막이 숨죽여 우는
우리네 인생의 서러운 눈물을 닦아주시려….

눈물 젖은 빵을 먹는 인생에게 산 떡을 먹이려
빵집^{베들레헴}에서 태어나셨구나.
자신의 양들에게 당신의 살과 피를 먹이려
양의 구유^{먹이통}에 오셨구나.

이사야 말씀처럼
고운 모양도 없고 풍채도 없이
무한자께서 여섯 자도 안 되는
작고 마른 인간이 되셨구나.

하나님의 무한하심과 우리를 위해 한없이 낮아진 사랑이
마음을 울렸습니다. 저의 마음은 뭉클하고 몽환적인 무엇으로 저녁노을과 함께 물들어 갔습니다.

예수님께서 탄생한 그 밤,
천사들이 구주의 탄생을 찬송했습니다.
목자들도 찬송했습니다.
제 마음에도 찬송이 차오릅니다.
제 마음에 '카탈뤼마',
주님의 자리가 넓어지길 소망해봅니다.

나를 위해 구유에 누인 예수님
가난과 서글픔, 외로움과 아픔을 아는 예수님
그렇게 나의 모태에서부터
오늘의 나를 아시는 예수님.

우리의 쉴 곳이
이 땅에 없음을
몸소 알려주며
영원한 '카탈뤼마',
새 하늘과 새 땅에
처소를 예비해주신 예수님.

예수님

뭉클

예수님은
'뭉클'
입니다.

가난이 미워질 때

예수님

#나사렛예수

김광한 PD | MBN 〈엄지의 제왕〉

저자는 이 책에서 우리가 익히 알고 있는 '나사렛 예수'라는 이름을 새로
운 시각으로 들여다봅니다. 그리고 그 과정에서 우리 마음을 뭉클하게 만
드는 예수님의 사랑을 발견하게 됩니다. 이 책은 예수님께서 초라해 보이
는 '나사렛'이란 이름을 선택하셨다는 점을 상기시킵니다. 그래서 책을 읽
다 보면 어느새 내 마음의 빈 곳을 들여다보게 됩니다. 화려해 보이는 겉모
습 뒤에 숨겨진 내면의 가난함을 마주하게 되죠. 그리고 예수님의 사랑으
로 그 빈자리를 채워갈 때 느끼는 풍성함을 경험하게 됩니다.

우리는 모두 이름이 있습니다. 이름을 통해 서로를 구별하고 이름을 부르며 서로에게 다가갑니다. 여러분은 오늘 누구의 이름을 가장 많이 불렀나요? 배우자나 부모님은 이름이 아닌 호칭으로 부르기에 아마도 형제, 자주 만나는 친구, 사랑하는 연인의 이름일 겁니다. 자녀가 있는 분들은 아이 이름이겠지요? 그럼에도 우리 그리스도인들이 가장 많이 부르는 이름은 '예수님'일 겁니다.

　우리는 누군가의 이름을 부르고 누군가에게 이름을 불리며 살아갑니다. 이름은 평생 우리를 따라다닙니다. 그리고 죽은 이후에도 영원히 남습니다. 굳이 "호랑이는 죽어서 가죽을 남기고, 사람은 죽어서 이름을 남긴다"는 속담을 말하지 않아도 한 사람에게 이름과 그 이미지는 떼려야 뗄 수 없는 관계입니다. 이렇게 이름이 중요하기에 부모님들은 아이의 이름을 신중하게 짓습니다.

저에게는 두 아들이 있습니다. 아이들을 낳고 처음 만난 어려움은 이름 짓기였습니다. 여느 부모처럼 어려서나 자라서나 듣기 좋은 이름, 지금뿐 아니라 노년이 되어서도 세련된 이름을 지어 주고 싶었습니다. 부르면 부를수록 기분 좋아지는 이름, 호감 가는 이름을 지으려 애썼습니다. 자칫 잘못 이름을 지으면 이름이 잉태한즉 별명을 낳고, 별명이 장성한즉 놀림감을 낳기 때문입니다. 저는 자라며 이름 때문에 스트레스받는 친구들을 여럿 보았습니다. 무엇보다 저의 부모님의 성함이 범상치 않아 감추려고 했던 부끄러운 기억이 있습니다. 그래서 아들 이름을 심사숙고해서 지었습니다.

여느 부모처럼 인터넷 검색을 했습니다. 대법원 사이트 가족관계등록 시스템에 들어가 '상위 출생신고 이름 현황'의 순위를 살펴보았습니다. 인기 있는 예쁜 이름이 많았습니다. 또 시대에 이바지할 인물이 되길 바라며 신라 시대의 김씨 왕조부터 충신들의 이름을 샅샅이 살펴보기도 했습니다. 이러한 노력 끝에 출생신고 기간을 가득 채워서야 간신히 이름을 정할 수 있었습니다.

예수님

몽클

예수님의 이름

우리 예수님의 이름은 구약성경의 여호수아와 같습니다. 여호수아의 이름은 모세가 열두 정탐꾼 중의 한 명인 눈의 아들 '호세아'에게 새로 지어 준 이름입니다. 여호수아와 예수라는 이름은 각각 히브리어와 헬라어의 표기 차이일 뿐 '여호와는 구원이시다'라는 동일한 의미입니다.

여호수아는 예수님의 '미리보기'였습니다. 여호수아가 가나안 땅을 열었듯 예수님은 새 하늘과 새 땅을 열었습니다. 여호수아가 요단강을 가르고 약속의 땅으로 나아갔듯 예수님은 성전 휘장을 갈라 하나님 아버지께 나아가게 했습니다. 이렇게 이름과 사역은 닮았지만 분명한 차이도 있습니다. 예수님의 이름에는 "자기 백성을 그들의 죄에서 구원할 자"^(마1:21)라는 신분과 사명이 담겨 있습니다.

성경은 '예수'라는 이름 외에 몇 가지 별칭을 알려줍니다. 먼저 '그리스도'입니다. 예수님의 직분으로써 '메시아', 곧 하나님께서 기름 부어 세운 구원자란 뜻입니다. 그래서 '예수 그리스도'라는 이름에는 '예수가 그리스도이십니다'라는 고백이 담겨 있습니다.

다음으로 예수님을 '주님'으로 부릅니다. 주님은 헬라어

'퀴리오스Κύριος'로 예수님이 하나님이라는 고백입니다. 온 세상의 주인이신 하나님과 동일한 우리의 주인이고, 우리는 주님의 종 '둘로스δοῦλος'임을 고백하는 호칭입니다.

또한 예수님은 '인자人子'라는 호칭을 자신에게 붙였습니다. 그래서 다니엘서에 예언된 "인자"가 예수님 자신임을 알려줍니다. 하나님의 아들이 사람의 아들이 되어 모든 사람의 죄를 대신 지는 구원자의 사명을 드러내는 이름이었습니다.

그리고 가장 일반적으로 '나사렛 예수'로도 불렸습니다. 사람들뿐만 아니라 심지어 귀신들도 그렇게 불렀습니다.

"아 나사렛 예수여 우리가 당신과 무슨 상관이 있나이까 우리를 멸하러 왔나이까 나는 당신이 누구인 줄 아노니 하나님의 거룩한 자니이다"(누가복음 4:34)

나사렛은 예수님의 고향입니다(마13:54). 태어난 곳은 다윗의 동네 '베들레헴'이지만 자란 곳이 나사렛이기에 그곳 출신으로 불렸습니다. 나사렛은 지리적으로 이스라엘 북쪽 갈릴리에 위치합니다. 아래로는 사마리아와 위로는 이방 땅과 맞닿은 곳입니다. 그래서 이스라엘 동족들에게 민족적으로나 종교적으로 외면 받던 곳이 바로 나사렛이었습니다.

왜 예수님은 이 가난한 동네, 변방의 이방인 접경 지역 출신임을 드러내는 이름 '나사렛 예수'로 불렸을까요? 그런데 성경은 이 이름을 하나님께서 정했다고 기록하고 있습니다.

"나사렛이란 동네에 가서 사니 이는 선지자로 하신 말씀에 나사렛 사람이라 칭하리라 하심을 이루려 함이러라"(마태복음 2:23)

가난한 자들의 마음 곁에

저는 아들에게 좋은 이름, 기죽지 않는 이름을 지어 주려고 애썼습니다. 그런데 하나님은 자신의 독생자에게 부끄러운 이름을 주었습니다. 왜 그런 걸까요? 아마도 하나님은 아들 예수가 가난한 자들의 마음을 위로하길 바랐기 때문일 겁니다. 그리고 예수님은 하나님의 바람대로 가난한 이들과 함께했습니다.

"주 여호와의 영이 내게 내리셨으니 이는 여호와께서 내게 기름을 부으사 가난한 자에게 아름다운 소식을 전하게

하려 하심이라 나를 보내사 마음이 상한 자를 고치며 포로
된 자에게 자유를, 갇힌 자에게 놓임을 선포하며 여호와의
은혜의 해와 우리 하나님의 보복의 날을 선포하여 모든 슬
픈 자를 위로하되"(이사야 61:1-2)

우리는 모두 어떤 면에서는 '가난한 자'입니다. 물질의 가
난, 건강의 가난, 관계의 가난, 지혜의 가난, 영혼의 가난… 우
리 모두는 남모를 가난을 품은 채로 살아갑니다.

'나사렛' 예수님은 가난한 이들의 마음 곁으로 왔습니다.
더 정확히 그 누구보다 가난한 이들을 사랑했습니다. 하나님
은 늘 가난한 이들을 마음에 두었던 것입니다. 하나님은 구약
성경에서부터 고아와 과부와 나그네를 돌아볼 것을 수없이
명하셨습니다. 그리고 예수님은 그들과 함께 살아갔습니다.
같이 먹고, 마시고, 잠자고, 기뻐하고, 슬퍼하고, 울고, 웃으며
'나사렛 예수'로 살아가신 겁니다.

가난한 예수님

예수님은 실로 가난했습니다. 아버지 요셉이 마리아와 호

적하러 나사렛에서 베들레헴에 갔을 때 돈도 없고, 변변한 친척도 없었습니다. 그래서 빈 객실 '카탈뤼마'를 얻지 못하여 양의 구유에 누워 있었습니다. 예수님이 태어난 지 40일째 되었을 때 일입니다. 율법을 따라 정결예식을 위해 부모님께 안겨 예루살렘으로 올라갔습니다.

"모세의 법대로 정결예식의 날이 차매 아기를 데리고 예루살렘에 올라가니 이는 주의 율법에 쓴 바 첫 태에 처음 난 남자마다 주의 거룩한 자라 하리라 한 대로 아기를 주께 드리고 또 주의 율법에 말씀하신 대로 산비둘기 한 쌍이나 혹은 어린 집비둘기 둘로 제사하려 함이더라"(누가복음 2:22-24)

그냥 쉬 읽어 내려간 성경 본문이지만 이 속에도 가난한 우리를 위한 가슴 먹먹한 사랑이 숨어있습니다. 누가복음에서 인용한 주의 율법은 레위기 12장 6절 말씀입니다. 정결예식의 목적은 산모를 정결하게 하고, 첫아들을 하나님께 바치기 위함입니다. 하나님께서는 그 방식으로 번제와 속죄제를 명합니다. 번제의 제물은 어린 양, 속죄제의 제물은 비둘기입니다. 그런데 예수님의 정결 예물은 특이합니다. 비둘기만 두 마리 드립니다. 번제의 제물은 어린 양인데 말입니다. 우리는 여기서 하나님의 사랑을 봅니다. 가난한 자들을 위한 길을 열어 두셨습니다. 하나님께서 예외 조항을 허락한 것입니다.

"그 여인이 어린 양을 바치기에 힘이 미치지 못하면 산비둘기 두 마리나, 집비둘기 새끼 두 마리를 가져다가 하나는 번제물로, 하나는 속죄제물로 삼을 것이요 제사장은 그를 위하여 속죄할지니 그가 정결하리라"(레위기 12:8)

어린 양을 바칠 형편이 못 되는 가난한 사람들을 생각하신 것입니다. 번제의 제물로 값비싼 일 년 된 어린 양 대신 값싼 비둘기 새끼도 받아 주셨습니다. 예수님의 부모님은 출산할 때도 궁핍하였고, 40일 정결예식 때도 가난한 자의 예물을 드려야 했습니다.

아빠 요셉의 낙심과 위로

그날 요셉의 마음은 어땠을까요? 가장인 요셉의 마음은 몹시 아팠을 겁니다. 첫아이를 구유에 뉘었던 아빠의 마음, 첫

예수님

뭉클

아들의 정결예식에 어린 양을 준비할 수 없어 비둘기를 준비했던 가장의 마음은 쓰라렸을 겁니다. 가난한 제물을 드리고, 가난한 삶이 드리워진 인생을 물려줄 아빠의 마음은 괴로웠을 겁니다. 아내 마리아에게도 못내 미안했을 겁니다.

그러나 이 모든 감정을 지워 낼 큰 기쁨이 있었습니다. 예수님이 탄생하셨던 밤, 주의 사자의 위엄을 보았고, 하나님의 약속도 받았고, 인류 구원의 큰 기쁨의 좋은 소식을 들었으며, 하나님이 기뻐하신 사람이라는 것도 알게 되었습니다. 천사들과 목자들의 찬송을 들었습니다. 하나님께서 가난한 자들을 위해 열어 두신 제물인 비둘기가 있었습니다. 아빠 요셉은 힘겨웠지만 기뻐할 수 있었습니다.

예수님 살던 고향은

예수님은 어린 시절을 갈릴리 나사렛에서 자랐습니다. 선지자의 예언이 이루어졌습니다.

> "나사렛이란 동네에 가서 사니 이는 선지자로 하신 말씀에 나사렛 사람이라 칭하리라 하심을 이루려 함이러라"(마

　마태는 구약의 한 본문을 직접 인용한 것이 아니라 구약성경 전체를 조망하여 종합하고 요약했습니다. "나사렛 사람이라 칭하리라"라는 간접 인용 방식을 취하였습니다. 나사렛은 구약성경에 없는 지명입니다. 이전에 한 번도 언급조차 되지 않은 소외된 곳 나사렛은 거절과 멸시를 받았던 예수님과 닮았습니다. 그래서 마태는 더욱 확신하며 "나사렛 사람이라 칭하리라"고 기록합니다. 이렇게 예수님은 '나사렛 예수'가 되었습니다. 하나님의 인도하심을 따라 다윗의 동네 베들레헴에서 탄생했고, 갈릴리 나사렛에서 자랐습니다. 소외되고 거부당하는 곳, 그래서 부끄러운 이름이 된 그 땅의 사람이 되었습니다.

　대학교에 갓 입학한 신입생 때의 일입니다. 서울로 진학한 친구를 만나러 갔습니다. 학교 동아리 방에 놀러 가게 되었고 제 친구가 저를 소개해 주었습니다.

　"시골에서 친구가 왔구나"

　그들의 반응에 놀랐습니다. 대구에서 왔다고 하니 시골에서 온 친구가 되어버렸습니다. '시골 쥐' 취급받는 것 같아서 대구광역시라고 힘주어 말했습니다. 그러나 돌아온 것은 여전히 시골 친구였습니다. 저는 시골 출신으로 여겨지는 것이 못마땅했고 부끄러웠습니다. 하지만 우리 주님은 시골 출신보다 더 부끄러운 '나사렛 예수'라는 이름을 기뻐하셨음이 틀림없습니다.

바울이 회심하기 전 다메섹 길에서 예수님을 만났을 때 일입니다. 바울이 예수님께 물었습니다.

"주님, 누구시니이까?"

예수님은 공생애 기간 여러 차례 '누구인가?'에 대한 질문을 받았지만 이때 처음으로 분명한 답을 했습니다.

"나는 네가 박해하는 나사렛 예수라"(사도행전 22:8)

누가는 복음서 저자 중에 유일하게 예수님의 성장기를 기록했습니다.

"아기가 자라며 강하여지고 지혜가 충만하여 하나님의 은혜가 그의 위에 있더라"(누가복음 2:40)

"예수는 지혜와 키가 자라 가며 하나님과 사람에게 더욱 사랑스러워 가시더라"(누가복음 2:52)

주님은 어린 시절 가난한 나사렛에서 자랐습니다. 육신의 형편은 가난했지만 영혼의 지혜는 충만했습니다. 하나님의 은혜 위에 은혜가 풍성했습니다. 그리고 하나님과 사람에게 "더욱 사랑스러워"갔습니다. 예수님은 가난했지만 하나님의 은혜가 충만했고 지혜와 사랑이 넘쳤습니다.

어린 가장, 목수 예수

예수님은 목수였습니다. 자라며 아버지 요셉에게 목수 일을 배웠습니다.

> "이 사람이 마리아의 아들 목수가 아니냐 야고보와 요셉과 유다와 시몬의 형제가 아니냐 그 누이들이 우리와 함께 여기 있지 아니하냐 하고 예수를 배척한지라"(마가복음 6:3)

성경을 보면 아버지 요셉이 보이지 않습니다. 어머니 마리아와 형제와 누이만 언급됩니다. 학자들은 요셉이 이미 죽었기 때문으로 봅니다. 예수님은 어린 나이에 가장이 되었습니다. 당시 사회는 여성의 사회 및 경제적 활동에 제약이 컸기 때문에 어머니 마리아를 모시며 동생들의 생계를 책임져야 했습니다. 예수님은 가난한 동네에 가난한 집안에서 가난한 직업으로 살아간 것입니다. 그래서 누구보다 가난한 삶의 힘겨움을 잘 알고 있었습니다.

나사렛 골목 담장 아래에서

예수님 당시는 오늘날처럼 가구를 만들고 판매하는 공방이나 매장이 흔치 않았을 겁니다. 예수님은 공구 통 하나 어깨에 짊어지고 나사렛 골목 어귀 이곳저곳을 다녔을 겁니다. 억울하고, 속상하고, 이기적이고, 거칠고, 서글프고, 외롭고, 처량한 삶의 자리를 오고 간 것입니다. 예수님은 그런 이웃들의 삶의 순간이 묻어있는 낡은 집과 세간살이를 고쳐 주러 다녔습니다.

주님은 아파했습니다.
무거운 공구 통과 목재를 든 당신의 어깨보다
병들어 야위어가는 어린아이를 보며 더 아파했습니다.
돌아가신 부모님 대신

여린 손으로 품을 팔아 얻은 양식으로
어린 동생들의 입에 겨우 먹이는
한 소녀의 눈물을 보셨을 겁니다.
자기 몫을 입이 아닌 호주머니에 넣어
내일 울 동생을 달랠 요량으로 감춰 놓은
작은 무화과 한 알을 보셨을 겁니다.
그 모습을 보며 주님은…
골목 담장 아래서 우셨을 겁니다.

선지자 이사야는 주전 칠백여 년 전 예언했습니다.
"그는 실로 우리의 질고를 아는 자라"
예수님은 우리를 알아주기 위해, 우리를 안아주기 위해 나
사렛 예수가 되셨습니다.

이름마저 우리에게

예수님께서 공생애를 시작하실 때 성령의 이끌림을 받아
갈릴리 나사렛으로 갔습니다.

예수님

뭉클

"예수께서 성령의 능력으로 갈릴리에 돌아가시니"(누가복음 4:14)

성령께서 그렇게 하신 까닭은 무엇일까요? 예수님께서 안식일에 나사렛 회당에서 성경을 읽기 위해 섰을 때입니다.

"선지자 이사야의 글을 드리거늘 책을 펴서 이렇게 기록된 데를 찾으시니 곧 주의 성령이 내게 임하셨으니 이는 가난한 자에게 복음을 전하게 하시려고 내게 기름을 부으시고 나를 보내사 포로 된 자에게 자유를, 눈 먼 자에게 다시 보게 함을 전파하며 눌린 자를 자유롭게 하고 주의 은혜의 해를 전파하게 하려 하심이라 하였더라"(누가복음 4:17-19)

이제 예수님은 성령의 능력으로 나사렛 회당에서 선포합니다.

"가난한 자에게 복음을 전하게 하시려고…"

본인의 사명 인식이었습니다. 사명을 천명합니다. 공생애 시작 시점, 제자들을 부를 때 나다나엘이 빌립에게 말합니다.

"나사렛에서 무슨 선한 것이 날 수 있느냐"(요한복음 1:46)

공생애 마지막 십자가 위 죄패에도 기록되었습니다.

"나사렛 예수, 유대인의 왕"(요한복음 19:19)

부활한 후에도 그 이름으로 불립니다.

"청년이 이르되 놀라지 말라 너희가 십자가에 못 박히신
나사렛 예수를 찾는구나 그가 살아나셨고 여기 계시지 아
니하니라 보라 그를 두었던 곳이니라"(마가복음 16:6)

예수님은 자신을 위해 이 땅에 오지 않으셨습니다.
목숨을 주러 오셨고,
이름마저 자기 백성에게 주셨습니다.
'나사렛 예수', 수치스러운 이름이지만
가난한 우리 곁에 계시고자
스스로 낙인찍혔습니다.
사역의 시작부터 십자가에서 죽고 부활한 후까지
그 이름을 버리지 않았습니다.

예수님

뭉클

우리를 위해 '나사렛 예수'라 불리기를
부끄러워하지 않으셨습니다

가난한 우리를 위한 이름
'나사렛 예수'

그래서
그 이름은
사랑이 되었습니다.

"우리 주 예수 그리스도의 은혜를 너희가 알거니와 부요
하신 이로서 너희를 위하여 가난하게 되심은 그의 가난함
으로 말미암아 너희를 부요하게 하려 하심이라"(고린도후서
8:9)

인생에 신음할 때 .

#나인성사건

정보영 대표 | 전 MBC 아나운서

이 책을 보면서 처음으로 내 인생의 울음, 신음에 대해 생각해봤다. 누군가에게 들킬까 꼭꼭 숨겨두고 감춰뒀던… 지금까지 흘린 내 눈물의 양은 얼마나 될까? 내 신음 안에 나도 알지 못했던 어마어마한 양의 폭포수 같은 아픔과 슬픔이 담겨 있었다. 하지만 그 신음에 먼저 응답하시는 나의 아버지를 만났다. 이 책은 묵상을 넘어 구절구절, 단어 단어마다 주님의 사랑을 새롭게 발견하게 되는 책이다.

한 사람이 평생 흘릴 눈물의 양은 정해져 있을까요? 여러분이 평생 흘린 눈물을 병에 담으면 얼만큼이나 될까요? "나의 눈물을 주의 병에 담으소서"(시56:8)라는 다윗의 간구처럼 성경에는 참 많은 눈물이 기록되어 있습니다. 성경에서 가장 많이 운 사람은 누구일까요? 저는 이집트 총리가 된 요셉이 참 많이 울었다고 생각합니다. 마음이 복받쳐 홀로 빈방에서 울었고, 바로의 궁중에서 방성대곡했습니다. 동생 베냐민과 형제들을 안고 울었고, 아버지 얼굴에 구푸려 한참을 울었습니다.

　시편의 다윗은 "눈물로 내 침상을 띄우며"(시6:6), "내 눈물이 주야로 내 음식이 되었도다"(시42:3)며 자신의 삶에 마르지 않았던 눈물을 고백합니다. 예레미야의 별명은 '눈물의 선지자'였습니다. "내 눈에는 눈물이 시내처럼 흐르도다"(애3:48)라며 민족의 죄악 앞에 오랜 시간 울었습니다. 신약의 사도 바울은 여러 사람을 만나 복음을 전하고 가르치며 울었고(행 20:31), 디모데는 목회를 하며 울었습니다(딤후1:4). 그리고 우리 예수님도 참 많이 울었습니다.

눈물을 보시는 예수님

누가복음 7장에서 한 여인이 울고 있습니다. 예수님은 그녀가 사는 나인이라는 성으로 갑니다. 성경은 '나인성'이라고 하지 않고 '나인이란 성'이라고 표현하며 우리에게 이 장소를 넌지시 주목시킵니다.

예수님은 가버나움에 계셨습니다. 가버나움에서 나인성까지는 수십 킬로미터 떨어진 거리입니다. 예수님은 걸어서 하룻길의 먼 길을 걸어갑니다. 예수님이 앞서고 제자와 무리가 뒤따릅니다. 성문에 가까이 다다를 때였습니다. 예수님은 성 밖으로 나오는 한 무리와 마주칩니다. 죽음의 행렬이었습니다.

"그 후에 예수께서 나인이란 성으로 가실새 제자와 많은 무리가 동행하더니 성문에 가까이 이르실 때에 사람들이

예수님

한 죽은 자를 메고 나오니 이는 한 어머니의 독자요 그의 어머니는 과부라 그 성의 많은 사람도 그와 함께 나오거늘"(누가복음 7:11-12)

두 큰 무리가 묘하게 닮았습니다. 예수님과 과부 어머니, 제자들과 죽은 자를 멘 사람들, 예수님을 따르는 많은 무리와 그 성의 많은 사람들…. 그러나 한 무리는 예수님이라는 생명을 따르고 있고, 또 다른 무리는 죽은 아이의 관을 따르고 있습니다. 겉으로는 닮아 보이지만 전혀 다른 두 행렬입니다. 이렇게 나인이라는 성문 앞에서 생명의 행렬과 죽음의 행렬이 교차합니다.

성경은 이 무리들 사이에서 죽은 아들의 어머니를 주목합니다. 일반적으로 모든 엄마와 자식 사이는 각별합니다. 세상에서 가장 밀착된 관계입니다. 성경은 그 친밀함과 하나 됨을 애써 표현합니다.

"죽은 자는 한 어머니의 독자요 그의 어머니는 과부라"

간단명료하게 '죽은 자는 과부의 독자다'라고 하면 됩니다. 하지만 성경은 이 관계를 정교하게 묘사합니다. '어머니'라는 단어를 반복해서 사용합니다. 그녀가 죽은 자의 '엄마'라는 것을 강조합니다. 부모와 자식의 '가까움' 만큼 아픔이 얼마나 '큰'지 보여줍니다. 그 어머니의 큰 슬픔을 마을 사람들도 잘 알았을 겁니다. 과부와 독자, 세상에 둘 뿐인 모자가 서로를 의지하며 헤쳐온 세월을 생생하게 목격했을 것입니다. 많은 이들이 안타까워할 만큼 형편이 딱한 엄마와 아들이었습니다. 팍팍한 삶이지만 사랑받을 만한 삶을 산 이웃으로 기억되었을 겁니다. 그래서 "많은 사람도", "함께" 위로하고자 장례식에 모입니다. "많은 사람"이라고만 기록해도 의미가 통하는데 "그 성의 많은 사람"이라는 표현을 쓰며 그 성, 나인이란 성에 주목합니다. 헬라어 '나인Naïv'은 히브리어에서 유래했으며, '사랑스러운'이라는 뜻이 있습니다. 사랑의 성에 사랑 잃은 슬픔이 가득 차 성문을 넘어갑니다.

고속도로 휴게소에 들린 어느 날이었습니다. 낯선 모습이 눈길을 끌었습니다. 대형 버스가 주차장으로 들어오고 사람들이 버스에서 내리는데 상복을 입고 있었습니다. 다른 여행객들의 복장과 사뭇 달랐기에 눈길이 갔습니다. 고속도로 휴게소 이용객들의 밝은 모습과 무채색의 옷을 입은 이들의 모습이 대비되었습니다. 그 모습을 보며 이런 생각이 들었습니다.

'아 우리의 인생이 이렇겠구나! 옷을 잘 갖추어 입고, 열심히 바쁘게 살아가지만, 영적 실체는 보이지 않는 수의를 입

예수님

뭉클

거나 상복을 입은 채 죽음을 향해 가는 초상집의 인생이겠
구나.'

눈물을 닦아 주시러

예수님은 죽음의 행렬이 지나가는 것을 바라봤습니다. 이
는 나인성의 사건뿐 아니라 인류 모두의 사건입니다. 예수님
은 스쳐 가는 죽음의 행렬 중에서 세상에 홀로 남겨진 한 여
인을 바라봤습니다.

"주께서 과부를 보시고 불쌍히 여기사 울지 말라 하시
고"(누가복음 7:13)

성경은 '예수께서'라고 하지 않고 '주께서'라고 기록합니
다. 온 세상을 창조한 전능하신 하나님의 아들임을 밝힙니다.
그 주님이 과부를 보고 "불쌍히" 여겼습니다. 여기 사용된 불
쌍히 여기다는 헬라어 단어는 '스플랑크니조마이$^{\sigma\pi\lambda\alpha\gamma\chi\nu\iota\zeta\omega\mu\alpha\iota}$'
입니다. 창자가 끊어지는 아픔을 의미합니다. 주님은 창자가
끊어지는 아픔으로 온종일을 걸어 그녀를 마주치러 온 것입

니다. 누가복음에서 이 단어가 예수님에게 한 번 더 쓰이는데 '잃은 아들을 되찾은 아버지의 비유'에서 나옵니다.

"이에 일어나서 아버지께로 돌아가니라 아직도 거리가 먼데 아버지가 그를 보고 측은히 여겨 달려가 목을 안고 입을 맞추니"(누가복음 15:20)

'측은히 여겨'가 스플랑크니조마이입니다. 우리 주 예수님은 '아직도 거리가 먼데', '그녀를 보고 창자가 끊어지는 고통을 안고' 달려가신 것입니다. 그리고 그녀에게 따뜻이 말씀하십니다.

"울지 말라"

예수님은 홀로된 어머니의 눈물을 닦아주시러 오셨습니다. 죽은 아이를 살리시러 오셨습니다.

예수님은 이 땅에 계시며 세 명을 죽음에서 살리셨습니다. 이 청년과 나사로, 회당장 야이로의 딸입니다. 뒤의 두 사건에는 사람들이 예수님을 찾아왔고, 나인성 과부에게는 예수

예수님

뭉클

님이 찾아갔습니다. 하나뿐인 아들을 잃은 과부의 비탄과 슬픔을 보시고 먼 길을 멀다 하지 않고 예수님이 찾아왔습니다. 그런 그녀에게 예수님께서 따뜻하게 건넨 한 마디,

"울지 마~"

마음을 안아주시다

남모르게 눈물을 흘리고 있는 우리는 모두 위로가 필요합니다. 토닥토닥 달래 줄 따뜻한 손길을 기다립니다. 하루는 막내아들이 길에서 넘어져 웁니다. 빨리 달려가 '괜찮아?' 하고 꼭 안아주면 이내 눈물을 닦고 마음을 추스릅니다. 빨리 달려가지 못할 때면 훨씬 오래 울었습니다. 그런 경험을 통해 저 자신을 봅니다. 우리는 모두 누군가가 나를 달래 주었으면 하는 마음의 소리가 있습니다. 마음을 알아주고 만져 주기를 바랍니다. 주님은 위로를 기다리는 우리의 마음을 이미 알고 계십니다. 인생의 눈물을 누구보다 잘 아십니다. 주님께도 마음을 내놓지 못하고 머뭇거리며 속으로 울고 있는 우리에게 먼저 찾아와 주시는 분이십니다.

예수님은 세상에서 가장 아픈 엄마를 찾아오셨습니다.

그녀는 여전히 엄마입니다.

아들이 죽었다고 엄마가 아닌 건 아닙니다.

따뜻하고 부드러운 음성으로 위로합니다.

"울지 마~"

예수님은 그녀에게 '네가 믿느냐' 하지 않고

'울지 말라',

그 아픈 마음을 안아주셨습니다.

생명이 사망을 멈추다

예수님이 무리에게 가까이 가서 관에 손을 댑니다. 거룩이 부정을 어루만졌습니다. 생명이 사망을 세웠습니다. 창조의 주께서 죽은 피조물의 관에 손을 댑니다.

"가까이 가서 그 관에 손을 대시니 멘 자들이 서는지라 예수께서 이르시되 청년아 내가 네게 말하노니 일어나라 하

시매"(누가복음 7:14)

"멘 자들이 서는지라"

예수님께서 죽음의 행진을 멈춰 세웁니다.

"청년아, 일어나라!"

예수님이 죽은 자에게 말씀합니다. 명령을 내립니다. 이 놀라운 일이 지금 우리에게도 그대로 적용됩니다. 하나님은 죄와 허물로 죽었던 우리에게도 먼저 다가오셔서 생명 곧, 생生을 명령합니다. 성령으로 거듭나게 하셨습니다.

"내가 네게 말하노니 일어나라!"

예수님은 죽었던 우리를 살리셨습니다.

"죽었던 자가 일어나 앉고 말도 하거늘 예수께서 그를 어머니에게 주시니"(누가복음 7:15)

청년의 육신이 살아났음을 확실히 보여줍니다. "사망을 삼키고 이기리라고 기록된 말씀이 이루어질 것"(고전15:54)을 미리 보여줍니다. 성경은 단순히 청년을 살리셨다고 진술하지 않습니다.

"그를 어머니에게 주시니"
예수님이 주셨습니다.
어머니에게 아들을.

어머니는 아들을 잃었습니다.
그래서 자기 자신을 잃었습니다.
예수님은 상실의 그녀를 위해
아들을 살리셨습니다.
살린 것을 넘어서 어머니의 품에 안겨 줍니다.
그 어머니가 받았을 위로와 사랑이 느껴집니다.
"그를… 어머니에게 주시니"

…음

참으로 하나님이 자기 백성을 돌보셨습니다. 나인성에 슬픔의 소문이 예수님의 소문으로 바뀌고 있습니다. 슬픔의 성이 하나님의 도성으로 변화되었습니다.

주님은 우리의 작은 신음에도 응답하십니다.

주님이 찾아오시면 우리의 삶은 역사가 됩니다.

소망이 주님께만 있습니다.

주님은 우리의

"모든 눈물을 그 눈에서 닦아"^(계21:4)주십니다.

저는 인간의 일생을 '울음'처럼 '음'으로 끝나는 두 글자 단어로 표현해 보았습니다.

울음, 모든 사람은 '울음'을 울며 세상에 태어납니다.

신음, 울음으로 시작된 인생은 죄악 된 세상에서 눈물 속에 '신음'하며 살아갑니다.

죽음, 죄는 결국 영원한 '죽음'을 향해 한 걸음 한 걸음 나아갑니다.

복음, 죽음뿐인 인생에 '복음'이 필요합니다. 예수 그리스도께서 십자가 대속으로 살길을 열어주셨습니다.

믿음, 오직 예수님을 나의 주, 나의 구주로 '믿음'으로 의롭게 됩니다.

마음, '마음'으로 믿어 의롭게 되고 입으로, 삶으로 시인하며 주님과 영생을 살아갑니다.

'울음, 신음, 죽음, 복음, 믿음, 마음'
울음 가득한 인생을
'음'하고 음미하면
주님께서 하신
'울지 말라'는 음성이
들려오는 듯합니다.

너도 울지마

주님은 우리의 슬픔을 기쁨으로 바꾸어 주십니다. 나인성 사건은 사복음서에서 누가복음에만 기록되어 있습니다. 누가 복음의 중앙에 나인성 울음의 사건이 있지만, 누가복음의 시 작과 마침은 '기쁨과 찬양'으로 둘러싸여 있습니다. 누가복음 의 처음 1-2장에는 큰 기쁨과 찬양의 소리가 가득 울려 퍼집 니다. 그리고 마지막 24장에도 큰 기쁨과 찬송이 울립니다.

"그들이 [그에게 경배하고] 큰 기쁨으로 예루살렘에 돌아 가 늘 성전에서 하나님을 찬송하니라"(누가복음 24:52-53)

예수님

몽클

신음과 울음 가득한 인생을 하나님께서 큰 기쁨과 찬송으로 감싸주십니다. 예수님의 사랑은 가버나움에서 나인성까지 수십 킬로미터뿐 아니라 하늘에서 땅으로, 신의 자리에서 인간의 자리로 달려온 사랑입니다.

영원한 사랑이신 주님께서
이천 년을 뛰어넘어
오늘 내 삶에 오실 것은 확실합니다.
그렇기에 우리는 기도할 수 있습니다.

하나님!
우리 곁을 지나가 주세요.
돌아봐 주세요.
우리의 작은 신음에
'울지마~' 위로해 주시고,
모든 눈물을 닦아 주세요.
주님의 손으로 어루만져 주세요.
그러면 우리가 낫겠습니다.

• 들키지 않고 숨고 싶을 때 •

#잃어버린양의비유

문지인 배우

책을 읽고 맨 처음 든 생각은 천국을 소유한 어린아이가 쓴 글처럼 순수하
고 예쁘다는 생각이었습니다. 누구를 가르치기 위해 쓴 책이 아니었습니
다. 매 순간, 하루하루 느끼는 하나님의 사랑이 오늘도 내일도 여전하다고
알려주는 책이었습니다. 주님께 하트를 드리지 못한 날이 많은 저지만 이
책을 보며 위로와 용기를 얻습니다.

예수님 곁에 두 부류의 사람이 있습니다. 예수님께 가까이 나아오는 이들과 멀찍이 선 자들. 말씀을 들으려는 이들과 말 꼬리를 잡으려는 자들. 곧 세리와 죄인들 그리고 바리새인과 서기관들입니다.

"모든 세리와 죄인들이 말씀을 들으러 가까이 나아오니 바리새인과 서기관들이 수군거려 이르되"(누가복음 15:1-2a)

바리새인과 서기관들이 예수님을 비난합니다. 누가복음을 보면 이들은 여러 번 반복해서 수군거렸습니다.

"이 사람이 죄인을 영접하고 음식을 같이 먹는다"(눅15:2, 5:30, 19:7)

예수님을 향해 "이 사람"이라고 부릅니다. 헬라어로 경멸의 어투입니다. 비방한 내용은 '이 사람이 죄인을 잘 왔다며 받아주고 함께 음식을 먹기까지 한다'는 주장이었습니다. 이들의 말이 틀린 것은 아닙니다. 성경의 저자 누가도 예수님이 영접한 이들을 '죄인'이라고 부르고 있습니다.

"모든 세리와 죄인들이 말씀을 들으러 가까이 나아오니"(누가복음 15:1)

이제 예수님은 경멸하고 비방하는 바리새인과 서기관들에게 말씀합니다.

"예수께서 그들에게 이 비유로 이르시되"(누가복음 15:3)

예수님은 누가복음 15장에서 세 가지 비유를 말씀합니다. 그런데 특이한 점은 세 가지임에도 불구하고 '비유'를 복수가 아닌 단수로 쓰고 있다는 겁니다. 헬라어를 따라 한글도 단수로 번역했습니다. '비유'가 단수인 까닭은 세 비유 모두가 하나의 주제에 초점을 맞췄기 때문입니다. '잃어버린 양', '잃어버린 드라크마', '잃어버린 아들'은 공통으로 '잃었다가 찾은 기쁨, 곧 우리 하나님의 마음'을 알려주기 위한 비유입니다. 주님은 잃어버린 자를 찾으시는 간절함과 아파함이 있습니

예수님

뭉클

다. 그러나 바리새인과 서기관은 예수님과 공감하려 하지 않고 반감을 보입니다. 세리와 죄인들을 천대합니다.

너를 잃고 싶지 않아서

양의 주인이 양 아흔아홉 마리를 들에 두고 잃어버린 한 마리를 찾아 나섭니다.

> "너희 중에 어떤 사람이 양 백 마리가 있는데 그 중의 하나를 잃으면 아흔아홉 마리를 들에 두고 그 잃은 것을 찾아내기까지 찾아다니지 아니하겠느냐"(누가복음 15:4)

어린 시절 이 구절을 읽을 때면 마음이 불편했습니다. 잃어버린 양을 찾는 것은 동의하지만 들에 남겨진 아흔아홉 마리의 양들이 걱정되었기 때문입니다. 허튼 길로 가지는 않을지, 목자가 없어 위험하진 않았을지, 다른 목동이 대신 지켜줬을지 마음이 쓰였습니다. 하지만 이제 안심입니다. 다행히 비유이기 때문입니다. 비유의 의도를 벗어난 생각은 불필요한 오해만 가진다는 것을 아는 나이가 되었습니다. 성경과 예수님이 주목한 것은 양 한 마리를 찾아 나서는 주인의 마음입니다.

"그 잃은 것을 찾아내기까지 찾아다니지 아니하겠느냐"(누가복음 15:4)

양의 주인은 자신의 양을 찾아다닙니다. 찾는 기간을 한정하지 않았습니다. 찾을 때까지 찾습니다. 양은 정처 없이 방황하고 헤매었을 겁니다. 주인이 찾기 어려웠을 겁니다. 양은 어디가 어디인지 모른 채 유리하고, 주인은 이곳저곳 열심히 찾아다닙니다. 그리고 결국 들짐승에게 잡아먹히기 전 찾았습니다.

성경의 표현이 감동입니다.
"찾아내기까지 찾아다녔다"

하나님은 우리를 찾습니다.
숨어있는 우리를 끝내 찾아냅니다.
나도 내가 싫은데
그런 나를 부끄럽다고 하지 않고

예수님

찾고 또 찾습니다.
찾으시고는 당신의 따뜻한 품에
성이 찰 때까지 안고 또 안습니다.
하나님은 우리를 사랑합니다.
하나님의 찾음과 구원함이
감격입니다.

아빠가 아이를 업듯

주인은 매우 기뻐합니다. 표정을 감출 수 없습니다. 즐거워 양을 어깨에 멥니다. 양이라는 동물의 생김새 때문에 어깨에 멘 것이지, 사람으로 치면 등에 업은 것과 매한가지일 겁니다. 아빠가 아이를 등에 업고 둥실둥실 춤을 추듯 양을 어깨에 멘 주인이 걸어옵니다.

"또 찾아낸즉 즐거워 어깨에 메고"(누가복음 15:5)

평소라면 양을 몰고 가거나 이탈하지 않도록 다리에 끈을 묶었을 겁니다. 그런데 주인은 양을 자기 발치에 두지 않고 얼굴 가까이 어깨에 메었습니다. 그리고 양과 눈을 맞추며 기뻐합니다. 잃은 양을 찾은 기쁨은 쉬 가시지 않습니다.

> "집에 와서 그 벗과 이웃을 불러 모으고 말하되 나와 함께 즐기자 나의 잃은 양을 찾아내었노라 하리라"(누가복음 15:6)

주인의 즐거움은 저 외딴 빈들에서부터 집에 다다르기까지 이어지고 있습니다. '혼자'에서 '함께'로 확대되고 있습니다. 양을 찾는 신음에서 "나의 잃은 양을 찾아내었노라"는 탄성으로 바뀌었습니다.

의인 아흔아홉

예수님은 잃은 양을 찾은 비유를 말씀하고 이내 그 의미를 밝혀 줍니다.

> "내가 너희에게 이르노니 이와 같이 죄인 한 사람이 회개하면 하늘에서는 회개할 것 없는 의인 아흔아홉으로 말미암아 기뻐하는 것보다 더하리라"(누가복음 15:7)

예수님

뭉클

말씀이 금방 이해되지 않습니다. 죄인 한 사람의 회개와 의인 아흔아홉의 대조가 쉽게 이해되지 않습니다. 죄인이 돌아온 기쁨은 충분히 이해되지만 의인 아흔아홉이 역차별 되는 것 같고, 나도 왠지 그 아흔아홉에 포함된 것 같아 마음이 불편합니다. 그런데 자세히 보니 예수님이 의도하신 역설이 보입니다. 본문의 문맥상 "회개할 것 없는 의인 아흔아홉"은 바리새인과 서기관들을 지칭하고 있습니다.

> "모든 세리와 죄인들이 말씀을 들으러 가까이 나아오니
> 바리새인과 서기관들이 수군거려 이르되"(누가복음 15:1-2a)

'회개할 것 없는 의인'이라는 말 자체에 모순이 있습니다. "의인은 없나니 하나도 없으며"(롬3:10)라는 말씀처럼 온 세상에 회개할 것 없는 의인은 한 명도 없습니다. 예수님은 이 모순된 표현을 통해서 바리새인과 서기관들의 실상을 고발하고 있습니다. 그들을 "회개할 것 없는 의인"(눅15:7), "사람 앞에서 스스로 옳다 하는"(눅16:15), "자기를 의롭다고 믿고 다른 사람을 멸시하는"(눅18:9)자들로 꼬집고 있는 것입니다. 예수님은 이 비유에서 '가짜 의인들'인 바리새인과 서기관들 아흔아홉보다 한 사람의 죄인이 회개하는 것을 더 기뻐하신다고

무게를 실어서 말씀합니다.

찾고 또 찾고 또

예수님은 또 비유로 말씀합니다. 우리가 잘 알고 있는 잃은 드라크마의 비유입니다.

> "어떤 여자가 열 드라크마가 있는데 하나를 잃으면 등불을 켜고 집을 쓸며 찾아내기까지 부지런히 찾지 아니하겠느냐 또 찾아낸즉 벗과 이웃을 불러 모으고 말하되 나와 함께 즐기자 잃은 드라크마를 찾아내었노라 하리라"(누가복음 15:8-9)

드라크마는 헬라의 화폐입니다. 로마의 화폐 '데나리온'과 동일한 가치, 곧 성인 남자의 하루 품삯에 해당하는 동전입니다. 당시 시대 배경을 보면 열 드라크마 한 세트는 여인이 결혼할 때 받는 사랑의 증표로써 소중히 다루어졌다고 합니다. 그런 귀중한 가치를 한 여인이 잃어버렸습니다. 그녀는 불을 켜고 집을 샅샅이 쓸며 찾아내기까지 부지런히 찾았고 결국 찾아냅니다. 잃어버린 드라크마를 찾은 기쁨에 벗과 이웃들을 불러 모으고 즐거움을 함께 나눕니다.

우리는 누가복음 15장의 두 비유를 통해 잃어버린 영혼을 찾고 구원하는 하나님의 열심을 봅니다. 죄로 타락한 인생들을 찾아내기 위해 이 땅까지 오신 예수님을 봅니다. 이렇게 누가복음의 주제는 잃어버린 자를 끝까지 찾는 예수님의 사랑입니다.

"인자가 온 것은 잃어버린 자를 찾아 구원하려 함이니라"(누가복음 19:10)

그래서일까요? 어떤 학자는 누가복음 15장을 '누가복음의 심장'이라고 불렀습니다. 잃어버린 자들을 찾으시는 주님의 이야기가 가득하기 때문일 겁니다. 누가복음과 사복음서뿐만 아니라 신구약 성경 전체는 잃어버린 자를 찾고 또 찾으시는 하나님을 보여줍니다.

"아담아 네가 어디 있느냐"(창3:9) 찾으시고,
"네 아우 아벨이 어디 있느냐"(창4:9) 찾으십니다.
수많은 선지자와

아들 예수님과

사도들을 보내어

열심히 찾으십니다.

"볼지어다 내가 문 밖에 서서 두드리노니"(계3:20)

라며 애타게 찾으십니다.

주님은 창세기부터 요한계시록까지,

인류가 타락한 직후부터 세상의 끝 날까지

잃어버린 자를 찾고 또 찾으십니다.

주님은 우리에게 물어보시는 것 같습니다.

잃어버린 양과 동전도 이렇게 찾아내거늘,

하물며 너희일까 보냐 믿음이 적은 자들아….

말씀하시는 것 같습니다.

내 마음이 나를 속인다면

주님이 주신 약속의 말씀이 선명하지만 혹 마음이 여전히

두려운 분들이 계실지 모르겠습니다. 주님은 끝까지 나를 찾

예수님

뭉클

겠지만 그런데 내 마음이 떠나버려 돌아오지 않으면 어떻게 한단 말인가? 걱정하지 마십시오. 주님은 여러 사건을 통하여 또 은혜를 넘치도록 부어서라도 우리가 '주님 사랑합니다'라고 말할 수밖에 없도록 이끄실 겁니다. 웨스트민스터 신앙고백 17장 1절은 말합니다.

"하나님께서 그의 사랑하시는 자 안에서 받으시고 그의 영으로 효력 있게 부르시며 거룩케 하신 자들은 은혜의 상태로부터 완전히 또 최종적으로 떨어져 버릴 수 없고, 그 안에서 확실히 끝까지 견디며 영원히 구원을 얻을 것이다."

제가 사랑하는 교수님이 한 교회의 사경회에 초빙받았을 때의 일입니다. 로마서 강해를 하며 하나님께서 택한 자는 반드시 구원한다는 '성도의 견인 교리'를 설교하던 중 할머니 한 분이 자리에서 일어나서 갑자기 춤을 추었답니다. 예배 중에 놀란 주변 분들이 나지막이 "앉으세요~" 하며 손을 내밀어 안내하니 그 손을 뿌리치며 "말리지 마라, 말리지 마라" 하며 계속 덩실덩실 춤을 추었답니다. 예배 후에 사정을 들어보니 이분은 오래전 사별해 홀로되신 사모님이었습니다. 이

사모님에게는 큰 걱정이 있었습니다. 최근에 자꾸 건망증으로 고생하는데 나이가 더 들어 치매에 걸려 예수님을 모른다고 하면 어떡할까? 주님을 부인하면 어떡할까? 염려했다고 합니다. 그러던 중 말씀을 듣고 택한 자를 끝까지 붙잡아주시는 주님의 한결같은 사랑에, 자신이 치매에 걸려 실언을 할지라도 정죄하지 않고 '조금만 더 힘내렴, 사랑한다 딸아!'하고 말씀해 주실 주님의 사랑과 격려를 생각하니 너무너무 기뻐 춤을 추지 않을 수가 없었다고 합니다.

우리는 자기 사람

요한복음은 예수님이 어떤 분인지 분명히 말씀합니다.

> "자기 사람을 사랑하시되 끝까지 사랑하시니라"(요한복음 13:1)

주님은 자기 사람을 사랑하시되 끝까지 사랑하십니다. 변함없는 사랑으로 우리를 세상 끝까지 찾아내어 사랑하십니다. 주님의 이 사랑을 다윗은 시편에서 이렇게 노래합니다.

예수님

뭉클

"내가 주의 영을 떠나 어디로 가며 주의 앞에서 어디로 피하리이까 내가 하늘에 올라갈지라도 거기 계시며 스올에 내 자리를 펼지라도 거기 계시니이다 내가 새벽 날개를 치며 바다 끝에 가서 거주할지라도 거기서도 주의 손이 나를 인도하시며 주의 오른손이 나를 붙드시리이다"(시편 139:7-10)

우리의 마음은 어디에 숨었습니까?
주님의 손이 못 미칠 리 만무합니다.
주님의 오른손이
우리를 놓칠 리 없습니다.
주님에게 당신은 언제나 최고의 목적입니다.

"내가 너희에게 이르노니 이와 같이 죄인 한 사람이 회개하면 하나님의 사자들 앞에 기쁨이 되느니라"(누가복음 15:10)

주님은 잃어버린 죄인 한 사람이 회개하고 돌아올 때 심히 기뻐합니다. 주님은 우리의 회개를 기다립니다. 당신이 마련한 기쁨의 자리에 우리를 초대합니다. 주님의 기쁨은 누가복음 15장에 가득할 뿐만 아니라 누가복음 전체에 가득합니다.

누가복음을 시작하며 세례요한이 태아 때 예수님의 어머니 목소리를 듣고 복중에서 기쁨으로 뛰놀았고[눅1:44], 천사들이 예수님의 탄생을 알릴 때도 하나님의 기뻐하심이 있었습니다[눅2:14]. 예수님이 세례받으실 때도 하늘로부터 "너는 내 사랑하는 아들이라 내가 너를 기뻐하노라"[눅3:22]는 울림이 있었습니다. 기쁨의 소식이 계속 이어지며 누가복음 마지막 장에서도 큰 기쁨이 있습니다.

"그들이 [그에게 경배하고] 큰 기쁨으로 예루살렘에 돌아가"[누가복음 24:52]

누가복음은 시작부터 마지막까지 기쁨으로 가득 차 있습니다. 누가복음뿐만 아니라 성경 전체에서 하나님은 세상을 이처럼 사랑하며 독생자를 통해 "잃었다가 찾은" 우리를 기뻐하십니다.

"땅에 있는 성도들은 존귀한 자들이니 나의 모든 즐거움이 그들에게 있도다"[시편 16:3]

우리 주님의 즐거움이 성도인 우리에게 있다고도 시를 빌

예수님

몽클

려 말씀합니다.

> "너의 하나님 여호와가 너의 가운데에 계시니 그는 구원
> 을 베푸실 전능자이시라 그가 너로 말미암아 기쁨을 이기
> 지 못하시며 너를 잠잠히 사랑하시며 너로 말미암아 즐거
> 이 부르며 기뻐하시리라 하리라"(스바냐 3:17)

예수님은 당신의 사랑을 비유로 말씀하시며 일상에서 예
를 가져오셨습니다. 예수님 말씀을 들었던 사람들은 드라크
마를 만질 때마다 또 양들이 노니는 것을 볼 때마다 예수님의
잃은 자를 찾으시기까지 찾으시는 사랑이 생각났을 겁니다.

주님은 우리를 기뻐하십니다.
우리를 예뻐하십니다.
회개하고 또 회개하며
예수 그리스도 보혈의 피에 죄의 옷을 빠는
우리를 기뻐하십니다.

주님이 우리를 기뻐하시기에
우리는 기뻐할 수 있습니다.

오늘 우리의 모든 수치를 주님이
기쁨으로 변화시켜 주셨습니다.
기뻐해야 합니다.
주님을 기뻐하는 것이 우리의 힘입니다.

사랑이 뭘까요?

어느 날 밤 설교를 앞둔 전날이었습니다. 저는 책상에 앉아
설교를 퇴고하는 중이었습니다. 만 세 살, 삼십육 개월 된 막
내아들이 방문을 열고 들어옵니다. 저는 설교문에 집중하며
아이를 슬쩍 보았습니다. 아이는 양손에 잘 때 베는 자기 키
보다 긴 베개와 강아지 인형을 들고 서 있었습니다. 그리고
집중하는 저를 보며 혼잣말을 합니다.
"아 좀 쉬어야겠다."
잠자기 싫어서 엄마의 잔소리를 피해 도피성에 왔습니다.
설교 준비에 여념이 없었으나 나그네를 환대하라는 말씀이
생각나 아이에게 쉴 자리를 펴 주고 다시 책상에 앉았습니다.
조용해서 뒤돌아보니 잠들려 합니다. 그 모습이 너무 귀여워
서 그리고 자기 방에 가서 자야 하기에 잠을 깨울 요량으로

예수님

뭉클

아이 옆에 같은 자세로 누웠습니다. 얼굴을 지그시 바라보았습니다.

"현준아 많이 사랑해"

"아빠 많이 사랑해요"

침묵이 흘렀습니다. 생각해 봅니다. 이 아이가 사랑을 알까요? 아빠의 사랑을 알기나 할까요? 사랑한다고 말하는 저희 사이에는 얼마나 다른 마음 크기의 차이가 있을까요? 주님이 우리를 사랑한다고 하시는데, 잃어버린 우리를 위해 생명 주시기까지 사랑하시는데…. 저도 주님을 사랑하지만 저는 그 사랑을 알기나 할까요? 그리고 주님의 사랑의 크기를 측량이나 할 수 있을까요?

옆에 누운 아들에게 물었습니다.

"현준아! 사랑이 뭐야?"

골똘히 생각하는 건지 어려워서인지 한동안 답이 없습니다.

"아~ 하트, 하트"

너무 귀엽기도 하고 말도 되는 것 같아서 흐뭇하게 웃었습니다.

아이를 보며 생각해 봅니다.

사랑은 하트지.

예수님께서 사랑, 하트를 주셨지.

자신의 마음을 주셨고,

심장을 주셨고,

심장의 모든 피까지 다 흘려주셨지.

그래, 사랑은 하트heart지.

파트part, 조각가 아니지.

주님의 하트

주님은 우리에게 모든 것heart을 주셨습니다. 그런데 누가
복음 15장의 바리새인과 서기관처럼 한 조각part만 드리려는
저를 봅니다. 주님의 하트는 잃어버린 우리를 찾고 계십니다.
주님은 우리의 하트를 원하십니다. 저의 온 마음이 주님께 있
는지 돌아봅니다. "마음을 다하고 목숨을 다하고 힘을 다하
여 주 너의 하나님을 사랑하라"(신6:5) 하셨는데 우리의 마음
조각들은 이곳저곳 흩어져 있는 것만 같습니다. 잃어버린 양
처럼 정처 없이 유리하며 방황하고 있는 것만 같습니다. 잃어
버린 드라크마처럼 어두운 장롱 밑에 납작 엎드려 숨어있거

예수님

뭉클

나 숨죽이고 있는 것도 같습니다. 잃어버린 아니 떠난 아들처럼 멀리멀리 떠난 것 같습니다.

주님은 잃은 자는 찾으시고,
떠난 자는 목 놓아 기다리십니다.
몸만 오면 다시 나갈 것을 아시기에
마음까지 돌아올 날을 기다리십니다.
지금 우리의 마음은 어디에 있나요?

우리는 누가복음과 성경에 가득한 주님의 찾으심에 응답하여 회개하고 또 회개하여 주님의 기쁨의 자리로 돌아와야 합니다. 누가복음 15장 1절의 세리와 죄인들처럼 주님께 가까이 나아가서 주님의 말씀을 듣고 순종하는 자가 되어야 합니다.

모든 세리와 죄인들이 말씀을 들으러 가까
이 나아오니(누가복음 15:1)

그래서
끝까지 우리를 사랑하시고,

우리를 등에 업으시고

눈을 맞추어주시며

기쁨으로 길 가시는 주님 곁에서

만나요.

예수님

뭉클

여기까지라고 생각될 때

#최후의 만찬

김기리 코미디언

신앙생활에 익숙해져 가며 하나님의 존재 또한 당연하게 느껴지던 요즘. 이 책을 읽으며 예수님의 삶이, 예수님의 사랑이 정말 가깝게 느껴졌습니다. 가장 높은 곳에서 세상을 주관하시는 높고 크신 하나님이시지만, 바로 내 옆에서 나를 안고 계시기도 한, 정말 낮고 낮은 예수님 생각에 "뭉클"한 밤입니다.

"식사하셨습니까?"

이 인사는 우리 민족의 배고픈 시절 나누던 안부 인사말입니다. 요즘에도 이렇게 인사하는 분들을 이따금 뵐 수 있습니다. 우리는 살아오며 셀 수 없이 많은 식사를 했습니다. 여러분의 인생에서 가장 기억에 남는 식사는 언제인가요? 저는 군 복무 중일 때입니다. 신병 훈련소를 수료하고 후반기 교육장으로 이동 중에 민간인 식당을 이용할 기회가 생겼습니다. 그날 마주한 밥상은 8주 만에 먹는 일반 사회의 식사였습니다. 식사 기도를 하고 밥공기 뚜껑을 여는 순간 하얀 쌀밥이 너무나 뽀얘서 눈이 머는 줄 알았습니다. 그 식사가, 그 밝디 밝은 쌀밥이 제게는 평생 잊지 못할 식사로 남아있습니다. 이전에 먹었던 모든 식사가 찬란했음을 깨닫게 해주었기 때문입니다.

반대로 여러분에게 가장 맛없었던 식사는 언제인가요? 저는 해군에서 군 생활을 했습니다. 1997년 9월 경남 진해, 해군 훈련소에 입소하기에 앞서 배웅하러 온 교회 친구, 형, 동생들과 입대 전 마지막 밥을 먹으러 감자탕집에 들어갔습니다. 훈련소 앞 식당은 입대를 앞둔 젊은이들과 가족, 연인, 친구들로 북적였습니다. 활력이 넘쳤습니다. 하지만 저는 그 분위기가 불편하고 힘들었습니다. 사람들의 웃음과 격려가 식탁을 오갔지만 멀고 낯설게만 느껴졌습니다. 그날 그 시간에 먹은 감자탕이 제 인생에서 가장 맛없는 식사였습니다. 아무 맛도 나지 않는 뼈다귀를 물고 있는 느낌이랄까요? 음식 맛은 전혀 느껴지지 않았고, 오히려 헛구역질만 나왔습니다. 당연한 이유지만 훈련소 입소를 두어 시간 채 남겨 놓지 않았기 때문입니다. 더욱 당혹스러운 것은 그날 해군에 입대하는 사람은 제가 아니었습니다. 어릴 적부터 교회에서 같이 커 온 절친한 친구의 입대 일이었습니다. 저는 그날로부터 1년 뒤에야 해군에 입대하였습니다. 제 친구의 입대 전 마지막 식사였음에도 마치 제가 생이별하는 것처럼 입맛이 없고, 헛구역질만 나는 불편한 식사였습니다.

예수님의 밥상

성경에는 예수님이 음식 드신 기록이 많이 나옵니다. 예수님은 이 땅에 계실 때 많은 이들과 식사를 했습니다. 특별히 죄인과 연약한 이들과 자주 밥상에 둘러앉아 식사했습니다. 그래서 어떤 이들은 "먹기를 탐하고 포도주를 즐기는 사람이요 세리와 죄인의 친구로다"(마11:19,눅7:34)며 비아냥거렸습니다.

마태복음 26장에서 예수님은 식사를 합니다. 이렇게 가난한 이들과 음식을 즐기던 예수님께서 이 땅에서의 마지막 식사를 합니다. 이른바 '최후의 만찬'입니다. 우리의 죄를 위해 십자가에서 죽기 전 마지막 식사입니다.

주님은 모를 리 없습니다. 앞으로 일어날 일들, 곧 배신과 모욕과 채찍질, 십자가의 죽음을 모두 알고 있습니다. 그렇기에 제가 친구의 입대를 앞두고 힘겨운 식사를 한 것처럼 입맛도 없고, 속도 불편하지 않았을까요? 그런데 우리 주님은 '최후의 만찬'이라고 부르는 이 식사를 기다리고 기다리셨습니다.

"이르시되 내가 고난을 받기 전에 너희와 함께 이 유월절

먹기를 원하고 원하였노라"(누가복음 22:15)

일반적으로 안 좋은 일을 앞두고 밥이 잘 안 넘어가기 마련입니다. 더욱이 죽음을 앞둔 마지막 식사라면 제대로 먹을 수 없습니다. 1996년 개봉된 영화 〈데드 맨 워킹Dead Man Walking〉에서 봤던 죽음을 앞둔 사형수의 모습이 떠오릅니다. '데드 맨 워킹'이란 사형수가 사형이 집행되는 시간에 사형장으로 걸어가는 것을 나타내는 용어입니다. 관계자들에 의하면 사형수가 죽음을 향해 걸어가는 마지막 길을 인지하면 대부분 정신을 잃거나 대소변이 흘러나올 정도로 큰 공포와 충격을 받는다고 합니다.

그런데 십자가 고난과 사형을 앞둔 우리 예수님의 반응은 세상 사람들과 달랐습니다. 사랑하는 제자들과의 식사를 원하고 원했습니다. 그래서 식사의 자리카탈뤼마를 직접 지시하고 마련합니다. 물 한 동이 이고 가는 사람의 집에서 그 물로 제자들의 발까지 씻겨 주며 대접합니다. 누가 죽음 앞에서 이렇게 초연할 수 있을까요?

"예수께서 제자 중의 둘을 보내시며 이르시되 성내로 들어가라 그리하면 물 한 동이를 가지고 가는 사람을 만나리

예수님

뭉클

니 그를 따라가서 어디든지 그가 들어가는 그 집 주인에게
이르되 선생님의 말씀이 내가 내 제자들과 함께 유월절 음
식을 먹을 나의 객실이 어디 있느냐 하시더라 하라 그리하
면 자리를 펴고 준비한 큰 다락방을 보이리니 거기서 우리
를 위하여 준비하라 하시니"(마가복음 14:13-15)

예수님의 밥상에 앉아서

여러분은 죽기 전 마지막 식사 때 누구와 밥상에 둘러앉아
식사하고 싶으신지요? 예수님은 제자들이었습니다. 절체절
명의 순간, 가장 소중한 마지막 시간에 가장 의미 있는 일로
제자들과 함께 식사하는 것을 택하셨습니다.

이 사랑의 성만찬은 사랑하는 남겨질 제자들을 위한 밥상
이었습니다. 그뿐만 아니라 앞으로 올 모든 세대의 그리스도
인을 위해 마련한 밥상이었습니다. 21세기를 살아가며 신앙
생활하는 오늘의 우리 모두에게도 베풀어 주신 사랑의 밥상
입니다.

우리는 예수님이 마련하신 밥상에서 그분의 강력한 사랑
을 봅니다. 그날 그 밥상에는 사랑스러운 제자만 있었던 것은

아닙니다. 배신자 가룟 유다도 있었습니다. 왜 예수님은 가룟 유다가 함께 있을 때 성찬을 베푸셨을까요? 그에게 친히 발도 씻겨 주고, 떡과 잔도 주셨습니다. 유다가 나간 후에 해도 될 텐데 예수님은 그렇게 하지 않았습니다.

> "그들이 먹을 때에 예수께서 떡을 가지사 축복하시고 떼어 제자들에게 주시며 이르시되 받아서 먹으라 이것은 내 몸이니라 하시고 또 잔을 가지사 감사 기도 하시고 그들에게 주시며 이르시되 너희가 다 이것을 마시라"(마태복음 26:26-27)

"받아서 먹으라, 너희가 다 이것을 마시라"

예수님은 가룟 유다가 자신을 팔아넘길 것을 알면서도 당신의 떡과 잔, 곧 몸과 피를 나눈 사랑의 식탁에서 유다를 배제하지 않았습니다. 우리 주님은 단순히 사랑이 많은 분이 아닙니다. 우리 주님은 사랑 '자체'이십니다. 그런 예수님이 제자들과 식사 중에 충격적인 예언을 합니다.

> "너희 중의 한 사람이 나를 팔리라"(마태복음 26:21)

제자들이 놀라 묻기를 마지않습니다.

"그들이 몹시 근심하여 각각 여짜오되 주여 나는 아니지
요"(마태복음 26:22)

얼마 전 가이사랴 빌립보에서 예수님이 죽으시고 부활하
실 것이란 예언을 들었습니다.

"이 때로부터 예수 그리스도께서 자기가 예루살렘에 올라
가 장로들과 대제사장들과 서기관들에게 많은 고난을 받
고 죽임을 당하고 제 삼일에 살아나야 할 것을 제자들에게
비로소 나타내시니"(마태복음 16:21)

제자들은 세 차례 예수님의 죽으심과 부활 예고를 듣습니
다. 그런데도 제자들은 이 사실을 알기도, 그래서 묻기도 두
려워합니다.

"그러나 제자들은 이 말씀을 깨닫지 못하고 묻기도 두려
워하더라"(마가복음 9:32)

그러다 예수님은 십자가에 못 박히기 이틀 전에 이르러 그 때를 알려줍니다. 제자들은 그제야 그날이 가까운 줄 알았습니다.

> "너희가 아는 바와 같이 이틀이 지나면 유월절이라 인자가 십자가에 못 박히기 위하여 팔리리라 하시더라"(마태복음 26:2)

예수님은 최후의 만찬 자리에서 누가 자신을 팔지도 알려줍니다.

> "너희 중의 한 사람이 나를 팔리라"(마태복음 26:21)

'우리 중에 누군가가 예수님을 판다고?'
예수님의 청천벽력과 같은 말씀을 들은 제자들은 도무지 믿기지 않았습니다.
'우리 중에 그럴 사람은 없는데….'
제자들은 삼 년여를 같이 살며 서로를 많이 신뢰하게 된 듯합니다. 그래서 이 말씀을 다른 이가 아닌 자신에게 먼저 적용합니다.

"몹시 근심하여 각각 여짜오되 주여 나는 아니지요"(마태복음 26:22)

예수님은 제자들의 근심 어린 질문에 단호히 답합니다.

"나와 함께 그릇에 손을 넣는 그가 나를 팔리라"(마태복음 26:23)

이 사건은 일천여 년 전 시편에 예언되기도 했습니다.

"내가 신뢰하여 내 떡을 나눠 먹던 나의 가까운 친구도 나를 대적하여 그의 발꿈치를 들었나이다"(시편 41:9)

발꿈치를 들었다는 것은 공격하기 위한 자세를 묘사합니다. 하나님의 마음에 합했던 다윗에게 배신의 아픔이 있었고, 다윗의 자손 예수님에게도 배신자의 발꿈치가 들리었습니다. 우리도 살아가며 사랑하는 이, 가까운 친구, 신뢰하는 사람에게 상처받곤 합니다. 거짓말, 모함, 사기, 배신 등의 일은 우리에게 크나큰 고통을 가져다 줍니다. 잃어버린 손실도 괴롭지만 잃어버린 믿음, 잃어버린 기대, 잃어버린 그대가 우리를 너무나 아프게 합니다.

나는 아니지요?

이제 예수님을 팔 가룟 유다가 자신의 속내를 감추려 다른 제자들처럼 묻습니다.

"나는 아니지요?"

예수님이 답합니다.

"네가 말하였다"

예수님은 사람의 말이 아닌 중심을 봅니다. 우리 인간의 말과 자기 확신이 아닌 마음을 봅니다. 그렇기에 우리는 늘 자신의 마음을 확인하여야 합니다.

예수님은 가룟 유다가 팔 것을 알았습니다. 우리도 성경을 통해 가룟 유다의 마음을 엿 볼 수 있습니다. 성경이 넌지시 알려줍니다. "너희 중의 한 사람이 나를 팔리라"는 예수님 말씀에 제자들의 반응이 나옵니다. 열한 제자들은 "주여 나는 아니지요"(마26:22)라고 물었습니다. 반면, 가룟 유다는 예수님을 다른 호칭으로 부릅니다.

"랍비여선생이여, 나는 아니지요"(마26:25)

차이가 분명합니다. 열한 제자는 예수님을 주인으로, 가룟 유다는 선생으로 부르고 있습니다. 이것은 큰 차이입니다. 제자들은 예수님을 주님이신 '하나님의 아들'로 믿습니다. 그런데 가룟 유다는 예수님을 그저 선생으로 인식하고 있습니다. 예수님을 잡으러 겟세마네 동산에 왔을 때도 유다는 예수님을 주님이라고 부르지 않습니다.

"랍비여 안녕하시옵니까"(마26:49)

'랍비여, 랍비여'라고 부르는 가룟 유다는 예수님에 대한 바른 인식이 없었고, 그래서 예수님과의 바른 관계도 맺지 못했습니다. 우리는 가룟 유다를 통해 예수님을 누구로 믿고, 알고, 따르는가의 차이가 한 영혼에게 미치는 큰 결과를 볼 수 있습니다.

오늘의 우리는 어떤가요? 주 예수님을 진정 주인으로 받들어 모시고 있는지 돌아보게 됩니다. 정말 주님이 주인님이 되시고 나는 종이 되어 순종하며 자신을 고쳐 나가기 위해 몸부림치고 있는지? 아니면 그저 나를 위한 수호신, 내가 필요할 때 찾아서 도움받으면 그만인 어떤 존재로 대하지는 않는지요.

매 주일 예배드리는 우리의 마음 자세도 돌아봅니다. 가룟 유다처럼 "안녕하시옵니까"(마26:49)하고 눈도장 찍으러 나온 예배일 때도 있었습니다. 유다처럼 예수님을 이용해 경제적 풍요와 종교 권력을 갖기 위해 예배당에 앉아 있기도 했습니다. 예배에 불참하면 불안하기에 마음에 안심을 얻기 위해 일주일짜리 보장 보험을 드는 마음으로 나오기도 했습니다. 물론 언제나 그랬던 것은 아닙니다. 가룟 유다와 달리 열한 제자들처럼 "일어나 함께 가자"(마26:46)는 예수님 말씀 따라서 주일도 주중에도 예수님과 기쁨으로 동행하려고 얼마나 애써 왔는지 모릅니다.

주님은 우리에게 겟세마네 동산의 제자들처럼
"나와 함께 깨어 있으라"(마26:38),
"나와 함께"(마26:40),
"일어나라 함께 가자"(마26:46) 말씀하시며
언제나 '함께' 하기를 원하십니다.
우리는 주님을 진실로 주인님으로 모시고
'함께' 살아야 합니다.

예수님

뭉클

마지막 입맞춤

한편 예수님을 팔아넘기러 온 가룟 유다는 칼과 몽치로 무장한 사람들과 암호를 정하여 예수님을 잡으려 계획합니다. 그 사인sign은 '잔인한 입맞춤'이었습니다. 입맞춤이란 본디 사랑과 존경, 친밀감의 표현이건만 유다는 예수님을 팔아넘기는 신호로 사용하였습니다. 그 잔인한 입맞춤은 예수님이 이 땅에서 하신 마지막 입맞춤이 되었습니다.

여러분은 이 세상을 떠나는 날 어떤 바람이 있으신지요? 만약 우리의 인생에서 마지막 입맞춤을 선택할 수 있다면 누구를 선택하실 건가요? 응당 가장 사랑하는 이를 떠올릴 것 같습니다. 사랑하는 배우자거나, 눈에 넣어도 아프지 않을 자녀거나, 평생 나를 가장 사랑한 부모님일지도 모르겠습니다.

그런데 우리 주님의 마지막 입맞춤은
노예 몸값을 받고 팔아넘긴 제자,
그 배신자와의 입맞춤이었습니다.

사탄이 입을 맞추었습니다.

우리 주님의 그 아름다우신 입술에,

하나님 말씀 자체이시며

말씀을 머금고 계신 그 입술에,

잠시 전 겟세마네 동산에서

하나님께 뜨겁게 기도하신

그 고귀한 입술에

사탄이 입을 맞추었습니다.

그러나, 그가 예수님의 입술을 더럽혔지만, 예수님이 드리신 입술의 기도와 그 마음은 빼앗아 가지 못했습니다. 예수님 입에 담기신 진리와 사랑은 지우지 못했습니다. 주님은 그 사랑의 입으로 가룟 유다를 부르십니다.

"예수께서 이르시되 친구여"(마태복음 26:50)

배신자이며 적이 된 그를 향하여 예수님은 여전히 사랑과 자비의 목소리로 부릅니다.

"친구여"

찬송가 528장의 가사 "예수가 우리를 부르는 소리 그 음성 부드러워"처럼 부드럽게 그러나 안타까이 그를 부릅니다.

예수님

뭉클

"친구여"

공교롭게도 예수님의 마지막 입맞춤은 가룟 유다에게
도 마지막 입맞춤이었고, 그 저녁 식사는 서로의 마지막 식사
였습니다. 죽기 직전까지 베풀어진 사랑, 그러나 가룟 유다는
얼마의 시간이 지나지 않아 죄로 인한 고통으로 자살합니다.
유다와 예수님, 똑같이 마지막 입맞춤과 마지막 식사였지만
우리 주님은 생명으로, 부활로 나아가는 과정이셨습니다.

유다는 기억해야 했습니다. "예수께로 가면 나는 기뻐요,
나와 같은 아이 부르셨어요"라는 찬양처럼 예수님께 가야 했
습니다. 십자가 앞에서 배반한 것은 가룟 유다나 베드로나 오
십보백보입니다. 그러나 죄를 범한 이후의 행보는 달랐습니
다. 유다는 예수님에게 가지 않았습니다. 베드로는 예수님을
만나러 약속의 장소 갈릴리로 갔습니다.

"가서 그의 제자들과 베드로에게 이르기를 예수께서 너희
보다 먼저 갈릴리로 가시나니 전에 너희에게 말씀하신 대
로 너희가 거기서 뵈오리라 하라"(마가복음 16:7)

대제사장들과 장로들은 뉘우치며 돌아온 가룟 유다에게
관심이 없습니다. 오히려 거추장스럽게 여깁니다.

"그 때에 예수를 판 유다가 그의 정죄됨을 보고 스스로 뉘우쳐 그 은 삼십을 대제사장들과 장로들에게 도로 갖다 주며 이르되 내가 무죄한 피를 팔고 죄를 범하였도다 하니 그들이 이르되 그것이 우리에게 무슨 상관이냐 네가 당하라 하거늘"(마태복음 27:3-4)

반면에 예수님은 자기에게 오는 자를 외면하지 않았습니다. 세상은 우리를 죄 가운데로 유혹했다가 "무슨 상관이냐"며 발뺌하고, "네가 당하라"며 우리를 향해 매몰차게 몰아붙입니다. 그러나 예수님은 당해 주는 분, 대신해 주는 분입니다.

주님의 너른 품, 편 팔

우리는 주일마다 주님께 예배로 "안녕하시옵니까?"(마26:49) 하고 입 맞추러 나아갑니다. 요즘 내 마음의 입맞춤과 경배는 무엇을 향하고 있는지 돌아보게 됩니다. 가룟 유다를 닮았는지, 예수님을 닮았는지 말입니다. 오늘 예수님과 함께 생명과 부활로 나아가고 있으면 참 좋겠습니다. 오늘뿐 아니라 내

예수님

몽클

일도 주님의 말씀에 입을 맞추고, 하나님 뜻에 생각과 기도를 맞추고, 성령님과 행동을 맞추고, 진리와 눈을 맞추면 좋겠습니다. 영혼의 배고픔을 해결하러 주님의 사랑의 만찬, 진리의 밥상에 함께 둘러앉아 예수님과 식사하면 참 좋겠습니다.

"오호라 너희 모든 목마른 자들아 물로 나아오라 돈 없는 자도 오라 너희는 와서 사 먹되 돈 없이, 값없이 와서 포도주와 젖을 사라"(이사야 55:1)

주님은 분명히 지금도 우리를 향해 두 팔 벌려 기다리고 계실 겁니다. 사람의 감정은 항상성을 지닌 것이 아니기에 때로는 마음 어려울 때도 있고 주님의 사랑이 예전 같지 않다고 느낄 때도 있습니다. 그러나 우리는 기억해야 합니다. 주님의 너른 품은 좁아지지 않았습니다. 주님의 편 팔은 짧아지지 않았습니다.

사랑해요, 까먹지 마요

저의 큰아들이 서너 살쯤 되어 말이 늘기 시작할 때였습니다. 어디서 배웠는지 제가 집에서 나갈 때면 저에게 "사랑해요~, 까먹지 마요~"하고 인사했습니다. 긴 이별의 예감을 주는 표현이긴 하지만 까먹지 말라는 말이 귀엽고 신선하게 들렸습니다. 특별한 인사 같았습니다.

몇 해 전 A국으로 단기 선교를 떠나는 새벽이었습니다. 만다섯 살쯤 된 큰아들이 새벽 5시에 일어나 아빠가 떠났는지 확인하러 제 방으로 찾아왔습니다. 나가는 중이라 인사를 황급히 하고 문밖을 나섰습니다. 1층 아파트 현관을 나가는 저를 향해 8층 베란다에 서서 큰 목소리로 외칩니다.

"아빠 사랑해요~ 까먹지 마요~"

아파트를 나와 보이지 않는 곳까지 멀리 왔는데도 계속 들립니다.

"아빠~ 사랑하는 거 까먹지 마요~"

요한복음은 예수님이 잡히실 때를 추가적으로 기록하고 있습니다. 당신의 사랑의 너비와 깊이를 보여주십니다.

"세상에 있는 자기 사람들을 사랑하시되 끝까지 사랑하시니라"(요한복음 13:1)

"아버지께서 내게 주신 자 중에서 하나도 잃지 아니하였

예수님

뭉클

사옵나이다"(요한복음 18:9)

주님은 우리를 한없이 사랑하십니다.
끝까지 사랑하십니다.
잃어버리지 않으시고,
혹 우리가 떠나더라도 찾고 또 찾고,
기다리고 또 기다리십니다.

끝내 우리를 안으십니다.
영원토록 사랑하십니다.
얼마든지 우리를 위해
식사를, 입맞춤을, 잔치를, 은혜를
베풀고 계십니다.

우리는 각자 다양한 아픔과 연약함을 가지고 살아가지만
주님은 우리를 부끄럽다 하지 않으십니다. 우리가 이 땅에서
살아갈 마지막 그날까지 사랑으로 입 맞추어 주실 것입니다.

주님이 사랑하시는 자녀 된 당신께
제 아들의 입으로 전해준

주님의 사랑의 마음을 담아
그분의 문안을 대신 전합니다.

"사랑해~ 까먹지 마~"

예수님

몽클

최강희 배우

저도 "주님께 죄송한 날에"와 같은 날들이 있었어요. 그분을 내가 안 이상 모르던 날로는 도저히 돌아갈 수가 없어서, 염치없지만 고개를 차마 들지 못하고도 예배당으로 나아갔던 날들이 떠올랐습니다. 죽지도 못할 만큼 죄송했던 그날들이요. 이 책을 읽는 모든 독자에게 이 책에서 소개하는 말씀들이 비상구가 되어주고 주님께로 인도하는 통로가 되어줄 것을 믿어 의심치 않습니다.

목요일이었습니다. 주님이 십자가 지기 전날, 우리가 고난
주간이라 부르는 목요일입니다. 내일 금요일 아침 9시면 예
수님은 십자가에 못 박힙니다. 이제 예수님의 때가 왔습니다.
그러나 겟세마네 동산 예수님 곁의 제자들은 민감하지 않습
니다.

"이르시되 어찌하여 자느냐 시험에 들지 않게 일어나 기
도하라 하시니라"(누가복음 22:46)

사탄의 요구

사탄이 제자들을 흔들어 손아귀에 넣으려고 요구했습니다.
마치 욥을 넘어뜨리려 할 때처럼 시험을 요구했습니다.

"시몬아, 시몬아, 보라 사탄이 너희를 밀 까부르듯 하려고 요구하였으나"(누가복음 22:31)

사탄은 하나님께 욥의 소유물을 건드리도록 요청했고 모두 앗아갔습니다. 그러나 욥의 믿음을 무너뜨리지 못했습니다. 사탄이 재차 요구합니다. 욥의 뼈와 살을 치소서.

"이제 주의 손을 펴서 그의 뼈와 살을 치소서 그리하시면 틀림없이 주를 향하여 욕하지 않겠나이까"(욥기 2:5)

사탄은 이제 베드로와 제자들을 시험하도록 요구합니다. 이미 한 명은 사탄에게 생각을 빼앗겼습니다.

"열둘 중의 하나인 가룟인이라 부르는 유다에게 사탄이 들어가니"(누가복음 22:3)

가룟 유다에게 들어간 사탄이 이제 다른 제자들을 밀 까부르듯 하려고 합니다. 예수님의 최측근임에도 불구하고 사탄은 시험하고 또 시험합니다. 심지어 사탄은 예수님도 몇 번이나 유혹하고 시험합니다.

"예수께서 대답하여 이르시되 주 너의 하나님을 시험하지 말라 하였느니라 마귀가 모든 시험을 다 한 후에 얼마 동안 떠나니라"(누가복음 4:12-13)

사탄은 예수님 곁을 잠시 떠날 뿐 다시 돌아와 악착스럽게 넘어뜨리려 했습니다. 직접 시험하였고, 또 사람들을 동원하여 시험하였습니다. 바리새인, 율법사, 서기관, 대제사장들을 이용했습니다. 사탄은 심지어 제자 베드로를 통해서도 시험했습니다.

"예수께서 돌이키시며 베드로에게 이르시되 사탄아 내 뒤로 물러가라 너는 나를 넘어지게 하는 자로다 네가 하나님의 일을 생각하지 아니하고 도리어 사람의 일을 생각하는도다 하시고"(마태복음 16:23)

예수님까지도 시험했던 사탄이기에 '하물며 우리일까 보랴?' 우리에게 겸손과 주의가 요구됩니다. 사탄은 바쁘게 움직입니다. 대제사장들과 서기관들에게 들어가서 '예수를 무슨 방도로 죽일까?' 고민하게 하고 있습니다. 가룟 유다에게 들어갔고, 이제 베드로와 제자들에게 들어가려고 합니다.

"대제사장들과 서기관들이 예수를 무슨 방도로 죽일까 궁리하니 이는 그들이 백성을 두려워함이더라. 열둘 중의 하나인 가룟인이라 부르는 유다에게 사탄이 들어가니 이에 유다가 대제사장들과 성전 경비대장들에게 가서 예수를 넘겨 줄 방도를 의논하매"(누가복음 22:2-4)

예수님의 기도

예수님은 사탄의 계획을 미리 아시고 기도합니다.

"그러나 내가 너를 위하여 네 믿음이 떨어지지 않기를 기도하였노니 너는 돌이킨 후에 네 형제를 굳게 하라"(누가복음 22:32)

예수님은 베드로를 위해 기도해주시고 회복을 격려합니다. "네 형제를 굳게 하라" 당부도 합니다. 그런데 예수님이 다른 제자들을 가리켜 "네 형제"라고 표현합니다. 잠시 전 베드로와 다른 제자들은 서로 비교하며 크게 다투었는데 말입니다.

"또 그들 사이에 그 중 누가 크냐 하는 다툼이 난지라"(누가복음 22:24)

예수님은 베드로가 비록 사탄의 시험에 실패하여 세 번 부인하지만, 후에 예루살렘 교회의 지도자로 세웁니다. 교회의 지도자가 될 베드로에게 "네 형제"라고 가르쳐줍니다. '교회는 높고 낮은 관계, 주관하는 관계, 경쟁 관계가 아니라 형제 사이란다. 서로 섬겨야 한단다'라고 알려준 것입니다. 저는 예수님의 기도를 받은 베드로를 비롯한 제자들이 참 부럽습니다. 그런데 예수님은 베드로와 제자들 뿐 아니라 오늘 저와 여러분을 위해서도 기도해주고 계십니다.

"죽으실 뿐 아니라 다시 살아나신 이는 그리스도 예수시니 그는 하나님 우편에 계신 자요 우리를 위하여 간구하시는 자시니라"(로마서 8:34)

"그러므로 자기를 힘입어 하나님께 나아가는 자들을 온전히 구원하실 수 있으니 이는 그가 항상 살아 계셔서 그들을 위하여 간구하심이라"(히브리서 7:25)

"아버지 앞에서 우리에게 대언자가 있으니 곧 의로우신 예수 그리스도시라"(요한일서 2:1)

베드로야

예수님은 베드로에게 사탄의 요구에 대한 경각심을 일깨 우십니다.

"이르시되 베드로야 내가 네게 말하노니 오늘 닭 울기 전에 네가 세 번 나를 모른다고 부인하리라 하시니라"(누가복음 22:34)

베드로는 절대 배신하지 않겠다고 단언합니다. 주와 함께 감옥에도 가고, 죽어도 함께 죽겠다고 다짐합니다. 하지만 우리가 아는 것처럼 베드로의 각오는 무색해집니다. 우리 인간의 각오와 결단, 확신이 얼마나 믿을 수 없는지요.

예수님은 조금 전 베드로에게 "시몬아, 시몬아"(눅22:31)라고 본명을 불렀습니다. 그런데 여기서는 "베드로야"(눅22:34)라고 부릅니다. 사복음서에 베드로는 자주 등장합니다. 그러나 여기서 처음으로 그리고 유일하게 예수님이 "베드로야"라고 이름을 부릅니다. 다른 곳의 기록은 예수님이 아닌 성경의 저자들이 부른 것입니다. 한 곳이 생각날지 모르겠습니다. 예수님의 "너희는 나를 누구라 하느냐"는 질문에 그 유명한 고백, "주는 그리스도시요 살아 계신 하나님의 아들이십니다"라고 답을 하는 장면입니다.

> "내가 네게 이르노니 너는 베드로라 내가 이 반석 위에 내 교회를 세우리니"(마태복음 16:18)

여기서 예수님은 그의 베드로 됨을 말씀하신 것일 뿐, '베드로야'라고 '호격'으로 부르지 않았습니다. 그때 예수님은 베드로에게 "바요나 시몬아"라고 부릅니다.

> "예수께서 대답하여 이르시되 바요나 시몬아 네가 복이 있도다 이를 네게 알게 한 이는 혈육이 아니요 하늘에 계신 내 아버지시니라"(마태복음 16:17)

부인할 것을 아시면서

여기서 한 가지 질문이 생깁니다. 왜 하필 예수님은 베드로가 자신을 부인할 것을 예고할 때 '베드로^{반석}야'하고 유일하게 부른 걸까요? 베드로가 전도를 잘하고 돌아왔을 때나, 아니면 중차대한 사명을 맡길 때 '베드로야' 하고 따뜻이 불러주면 좋았으련만 어째서 부인할 그에게 베드로라고 불렀을까요? 참된 제자의 길은 "자기를 부인하고 자기 십자가를 지고 그리스도를 따름"인데 오히려 자기 부인을 않고, 예수님을 부인할 때 '반석아'라고 불렀을까요?

> "예수께서 제자들에게 이르시되 누구든지 나를 따라오려거든 자기를 부인하고 자기 십자가를 지고 나를 따를 것이니라"(마태복음 16:24)

그것은 분명히 예수님의 배려였을 겁니다. 베드로가 예수님을 부인해도 그의 이름처럼 반석같이 사용할 거라는 한결같은 사랑을 보여주려 이때에서야 "반석아"하고 불렀을 겁니다. 베드로는 훗날 이해했을 겁니다. 이름처럼 자신의 각오가 단단한 반석 같을지라도 흔들릴 수 있다는 것을요. 오직 베드

예수님

몽클

로를 베드로 되게 하는 것은 흔들리지 않는 '주님의 은혜'뿐임을요. 그래서 세 번 부인을 앞둔 시점에서 단 한 번 유일하게 베드로라 부른 것을, 베드로는 사람들이 자신을 부를 때마다 이때가 생각났을 겁니다. 이후 어떤 일이 벌어졌는지 우리는 잘 알고 있습니다.

가장 먼저 대제사장의 뜰의 문지기 여종이 베드로를 알아봅니다.

"이 사람도 그와 함께 있었느니라"

그러자 베드로가 부인합니다.

"이 여자여 내가 그를 알지 못하노라"(눅22:56-57)

그리고 조금 후에 다른 여인이 고발합니다.

"너도 그 도당이라"

베드로가 두 번째 부인합니다.

"이 사람아 나는 아니로라"(눅22:58)

그리고 세 번째 부인입니다.

> "한 시간쯤 있다가 또 한 사람이 장담하여 이르되 이는 갈릴리 사람이니 참으로 그와 함께 있었느니라 베드로가 이르되 이 사람아 나는 네가 하는 말을 알지 못하노라고 아직 말할고 있을 때에 닭이 곧 울더라"(누가복음 22:59-60)

앞서 두 번은 순식간에 벌어진 일이기에 당황한 나머지 실수했을 수도 있습니다. 하지만 실수라고 보기 어려운 지점도 있습니다. 두 번째와 세 번째 부인 사이에는 한 시간의 틈이 있었습니다.

"약 1시간 후에 다른 사람이 주장했습니다. 분명히 이 사람도 예수와 한 패요. 이 사람도 갈릴리 출신이니까."(누가복음 22:59, 쉬운성경)

생각하고 뉘우칠 수 있는 시간, 말을 바로잡을 기회가 있었습니다. 그럼에도 그는 일관되게 예수님을 모른다 부인하고 맙니다. 세 번째 예수님을 부인했을 때 닭이 울었습니다. 베드로는 닭이 울자마자 예수님의 예언이 생각난 것은 아니었습니다.

"주께서 돌이켜 베드로를 보시니 베드로가 주의 말씀 곧 오늘 닭 울기 전에 네가 세 번 나를 부인하리라 하심이 생각나서 밖에 나가서 심히 통곡하니라"(누가복음 22:61-62)

베드로가 한 시간여 사이

예수님

몽클

예수님을 세 번 부인했습니다.

그리고 닭이 울었습니다.

심문을 받으시던 예수님이

돌이켜 베드로를 보십니다.

예수님과 눈이 마주쳤습니다.

예수님 말씀이 생각났습니다.

"오늘 닭 울기 전에 네가 세 번 나를 부인하리라"

눈빛과 표정에 담긴 눈물

베드로가 예수님을 바라본 그 순간, 예수님의 눈빛은 어떠셨을까요? '너 그럴 줄 알았어, 부인할 거라고 조심하라고 했지!'하고 표정 짓지 않으셨을 겁니다. 오히려 예수님은 스스로 절망했을 베드로를 향해 사랑과 연민의 눈빛을 보내셨을 겁니다. 예수님은 심문과 고문으로 지칠 대로 지친 고통의 시간을 보내고 있었지만 닭이 울자 힘을 내어 베드로를 향해 고개를 돌리셨습니다. 예수님은 절망한 베드로와 눈을 맞췄습니다. 고난 앞에 헝클어지고 야위어 움푹 팬 얼굴이지만 베드로를 따뜻이 바라봅니다.

'나 괜찮아', '너도 괜찮아!', '네 형제를 잘 부탁해'
사랑과 연민의 표정을 지어 주었을 겁니다. 베드로는 생각
했을 겁니다.

주님이 다 아셨구나.
정말 다 아셨구나.
주님이 다 아시면서도
나를 사랑 해주셨구나.
최후의 만찬에서
친히 떡과 잔도 주셨는데,
내가 부인할 걸 다 아시면서도
그리하셨구나.

다투던 우리에게 또 부인할 나에게
하나님의 나라를 맡기시고
주님 나라에서 다스리는
그 큰 영예를 주시겠다 하셨구나.

겟세마네 동산에서도
내가 부인할 걸 아시면서도

예수님

뭉클

열한 제자 중에
나와 야고보와 요한을 따로 데리고
더 가까이 있게 하셨구나.

그때 주님이 유혹에 빠지지 않게,
시험에 들지 않게 일어나 기도하라 하셨는데
그 의미를 이제야 알겠구나.

베드로는 울었습니다.
닭도 울고, 베드로도 울었습니다.
주님의 사랑이,
자신의 연약함을 아시고도
챙겨 주신 사랑이 묵직하게 다가왔습니다.

예수님을 부인한 그 밤,
새벽과 맞닿은 깊은 밤,
베드로는 통곡하며 울었습니다.

"밖에 나가서 심히 통곡하니라"(누가복음 22:62)

우리는 예수님의 사랑을 봅니다. 베드로가 세 번 부인했지만 부활하신 이후에 세 번 사랑 고백을 들으십니다. 부인하던 그 밤처럼 숯불 앞에서 "네가 나를 사랑하느냐" 세 번 치유의 질문을 해주셨습니다. '내 양을 먹이렴', '내 양을 치렴', '내 어린 양을 먹이렴' 하고 베드로를 믿어 주었습니다. "돌이킨 후에 네 형제를 굳게" 할 수 있는 능력을 주었습니다. 주님이 베드로를 회복시키고, 당신의 사람으로 거룩하게 사용했습니다.

닭 울기 전인 이유

또 한 가지 질문이 생깁니다. 왜 예수님은 베드로가 부인할 시점을 닭 울기 전이라고 특정했을까요? 때는 다양하게 정할 수 있는데 말이죠. 예수님이 어떤 상황을 겪을 때나, 현장의 어떤 사람이 특별한 행동을 할 때, 갑자기 비가 내릴 때와 같이 얼마든지 다양한 상황이 가능했을 텐데요. 시간적으로도 성경에 잦은 표현인 새벽 오히려 미명 등 다양한 때로 알려줄 수도 있었습니다. 그런데 왜 닭 울기 전이라고 특정했을까요? 베드로가 쓴 첫 성경 베드로전서는 그가 섬기는 교회들을 언급하며 시작합니다.

> "예수 그리스도의 사도 베드로는 본도, 갈라디아, 갑바도
> 기아, 아시아와 비두니아에 흩어진 나그네" (베드로전서 1:1)

청년 시절 예멘에 단기 선교를 다녀온 때였습니다. 당시 저
는 요로 결석의 상태로 출국했습니다. 콜라 색 혈뇨가 나왔으
나 별다른 통증은 없어서 병원의 염려를 뒤로하고 출국했습
니다. 하지만 현지에 도착하자 마자 통증이 심해졌습니다. 속
도 거북했습니다. 소화도 안 되고 먹고 싶은 것도 없었습니
다. 예멘 전역을 다니며 유일하게 먹을 수 있는 음식은 '닭 요
리'였습니다. 그마저도 소화가 되지 않으니 먹기 어려웠습니
다. 힘겹게 일정을 소화하고 귀국길에 올랐습니다. 귀국하는
여정 내내 복통이 더해만 갔습니다. 한기가 몰려오고 체력도
고갈되어 최악의 상태로 인천 공항에 도착했습니다. 하지만
집으로 가는 버스 운행이 이미 끝난 시간이었습니다. 공항 찜
질방에서 아픈 몸으로 밤새워 뒤척이다 새벽녘에 대구로 가
는 공항 리무진에 올랐습니다. 버스에 오르며 집에 가서 결석
도 깨고 치료도 받고 몸과 마음 편안히 쉬리라 다짐했습니다.
먹고 싶었던 얼큰한 김치찌개, 된장찌개를 마음껏 먹고도 싶

었습니다. 아픈 몸을 이끌고 집에 도착했고 어머니는 고생한 아들을 위해 밥상을 차려 주셨습니다. 하지만 밥상을 보고 저는 경악을 금치 못했습니다. 보름 동안 닭고기에 질린 제 상황을 아실 리 없는 어머니가 몸보신하라고 닭죽을 큰 냄비 한 솥 끓여놓으셨기 때문입니다.

꼭이요~, 까먹지 마요

베드로는 이스라엘과 이방 땅을 다니며 복음을 전했습니다. 가는 지역마다 닭이 많았을 겁니다. 성경에는 노아 홍수 이후로 사람들이 닭을 먹었다는 기록이 나옵니다. 창세기와 동시대인 욥기에 닭 요리에 관한 기록이 있습니다. 예멘뿐 아니라 몇 해 전 선교 여행으로 다녀온 튀르키예도 닭을 정말 많이 키웁니다. 그러니 중동에서 살던 베드로가 가는 어느 곳이든 닭이 있었을 겁니다. 닭은 새벽에만 울지 않습니다. 새벽부터 해질 때까지 계속 웁니다. 닭은 국적과 상관없이 시도 때도 없이 웁니다. 그래서 예수님은 "닭 울기 전에 네가 세 번 나를 부인하리라" 말씀하신 것 같습니다.

베드로에게 닭 울음소리는 알람 소리입니다.
주님의 사랑의 소리였습니다.
마치 예수님의 음성으로 들렸을 겁니다.

실수해도 괜찮아!
너의 모든 약함을 내가 받아 줄게.
언제나 나에게 오면 돼.
새롭게 시작하자.
너를 통해 네 형제를 든든히 세우고,
나의 어린 양을 먹일 힘을 줄게.

베드로가 가는 곳곳에서 울리는 닭 울음소리가 주님의 사랑의 소리로 들렸을 것은 분명합니다. 그렇다면 저와 여러분의 알람 소리는 무엇일까요? 주님의 알람이 수없이 들려오지만, 한없이 간과하는 것이 제 삶인 것 같습니다. 말씀 한 구절이 기억나고 찬송 한 절이 심령에서 울리는데 제 안에는 주체할 수 없는 죄와 욕망이 가득 차 주님의 알람을 꺼버립니다. 그 욕망을 따라야지만 시원한 죄 된 마음 말입니다. 베드로는 닭이 울 때마다 주님을 깊이 생각하고 주님께 더 집중했을 겁니다. 누가복음의 말씀을 보며 베드로전후서를 같이 묵상해

봅니다. 예수님을 부인했던 베드로가 얼마나 형제들을 세워 주고, 믿음 안에 띠 띠고 순종의 길을 걸어갔는지 볼 수 있습니다.

주님이 우리를 사랑하십니다.
비록 낙심해 있는 우리,
나조차 내가 미운 그때도
주님은 우리를 사랑하십니다.
'괜찮아 나에게 오면 돼' 말씀하십니다.

앞서 살펴본 것처럼 가룟 유다는 자신의 잘못을 깨달았습니다. 그리고 성소에 돈을 던지고 목을 매러 갔습니다. 그러나 베드로는 잘못을 깨우치고 심히 통곡한 다음에 주님이 약속하신 만남의 장소 갈릴리로 갔습니다. 우리는 주님이 약속하신 곳에 머물러야 합니다. 우리가 죄를 짓더라도, 넘어지고 또 넘어지더라도 다시금 예수님께로 와야 합니다. 주님은 언제나 웰컴입니다. 언제나 잘 왔다 하십니다. 무한한 하나님께 무한히 다가가도 주님은 잘 왔다 하십니다. 주님은 지금도 멀리 떠난 우리를 향해 지금 바로 오라고 말씀하십니다.

"주께서 돌이켜 베드로를 보시니"(누가복음 22:61)

우리가 죄짓고 있는 그 순간에도
주님은 눈 맞추시며
'괜찮아, 돌아오면 돼, 괜찮아'
용서해 주시고 받아 주시고
사랑해 주십니다.

예수님께 죄송한 날에도
언제나 어느 때나
우리를 기다리십니다.

오늘도 말씀 앞에서 기도하며
나 자신을 돌아보며
사랑의 알람 소리를 귀 기울여 듣습니다.

돌이켜 우리를 바라보시는 예수님의
사랑의 눈빛에
내 시선을 맞추어 봅니다.

도움이 멀다고 느껴질 때

#십자가에서

김성민 목사 ― 원대제일교회

이 책은 명징한 복음을 온 가슴으로 느끼게 해줍니다. 풍부한 묵상의 단초들 때문에 순식간에 읽어 내려가면서도 몇 번씩 멈춰 긴 여운에 사로잡히게 됩니다. 예수님 사랑을 도무지 느낄 수 없다고 하는 이들의 가슴에 눈물 구멍을 낼 최고의 전도지가 될 것입니다.

예수님이 위험합니다. 본디오 빌라도가 결정을 내렸습니다. 온 군대가 예수님을 포위했습니다. 폭력과 겁박, 조롱과 비아냥, 거짓과 광기에 휩싸인 무리가 예수님을 십자가형으로 사형시키라며 혈안이 되었습니다. 우리 예수님이 위험합니다.

"빌라도가 무리에게 만족을 주고자 하여 바라바는 놓아 주고 예수는 채찍질하고 십자가에 못 박히게 넘겨 주니라 군인들이 예수를 끌고 브라이도리온이라는 뜰 안으로 들어가서 온 군대를 모으고 예수에게 자색 옷을 입히고 가시 관을 엮어 씌우고 경례하여 이르되 유대인의 왕이여 평안 할지어다 하고 갈대로 그의 머리를 치며 침을 뱉으며 꿇어 절하더라"(마가복음 15:15-19)

진노의 잔

그런데 예수님의 반응이 의아합니다. 위험에서 벗어나려고 몸부림치지 않습니다. 자신의 결백을 주장하기 위해 애쓰지도 않습니다. 마치 다윗의 고백과 같습니다.

> "군대가 나를 대적하여 진 칠지라도
> 내 마음이 두렵지 아니하며
> 전쟁이 일어나 나를 치려할지라도
> 나는 여전히 태연하리로다
> 내가 여호와께 바라는 한 가지 일 그것을 구하리니
> 곧 내가 내 평생에 여호와의 집에 살면서
> 여호와의 아름다움을 바라보며
> 그의 성전에서 사모하는 그것이라"(시편 27:3-4)

예수님의 마음은 두려움에 빼앗기지 않았습니다. 예수님의 온 마음은 여호와의 집을 향하고 있습니다. 우리를 여호와의 집 식구로 맞아 주시려 자기 몸을 내어주고 있습니다. 경외하며 모셔야 할 예수님을 광분한 무리가 끌고 다닙니다. 도착한 곳은 해골의 곳, 골고다였습니다.

예수님

몽클

"예수를 끌고 골고다라 하는 곳(번역하면 해골의 곳)에 이르러"(마가복음 15:22)

이름에서부터 두려움을 줍니다. 사람들을 광기와 공포로 질리게 하는 곳입니다. 태어나실 때도 사람의 자리가 아니었고, 돌아가실 때도 사람들이 꺼리는 곳이었습니다. 아직 십자가에 못 박히시기 전이지만 예수님은 이미 큰 고통 중에 계십니다.

"몰약을 탄 포도주를 주었으니"(마가복음 15:23)

몰약은 감람과科 미르 나무속屬에 속한 나무에서 나오는 수지반고체 물질입니다. 향수와 향료의 원료로 쓰이며, 사형장에서는 고통을 줄여 주는 '마취제'로 제공되었습니다. 군인들이 보기에도 예수님의 고통이 유독 강렬해 보인 듯합니다. 그런데 예수님은 몰약을 받지 않으십니다. 이 구절의 원어를 살펴보면 여러 사람에 의해 여러 번 전달된 것으로 보입니다. 그러나 예수님은 모두 거절했습니다. 예수님은 '진통의 잔'을 거부하며 온전히 하나님의 '진노의 잔'을 마십니다.

"이르시되 아빠 아버지여 아버지께는 모든 것이 가능하오니 이 잔을 내게서 옮기시옵소서 그러나 나의 원대로 마시옵고 아버지의 원대로 하옵소서"(마가복음 14:36)

예수님은 겟세마네 동산에서 기도한 것처럼 자신의 원이 아닌 아버지의 뜻대로 진노의 잔, 고난의 잔을 받아 마셨습니다.

벌거벗겨진 두 사람

요한복음에 따르면 십자가형을 받았던 예수님은 겉옷과 속옷 모두 빼앗겼습니다. 예수님은 가리어짐을 받지 못했습니다. 벌거벗겨졌습니다. 옷 한 벌 가지지 못한 예수님, 탄생 때 동물의 구유에서 천 조각^{강보}에 싸여 있었지만 죽음을 앞두고는 천 조각마저도 허락되지 않았습니다.

"십자가에 못 박고 그 옷을 나눌새"(마가복음 15:24)

인류 역사상 최고의 사건인 십자가 사건에는 벌거벗겨진

예수님

뭉클

두 사람이 등장합니다. 예수님, 그리고 한 청년입니다.

> "한 청년이 벗은 몸에 베 홑이불을 두르고 예수를 따라가
> 다가 무리에게 잡히매 베 홑이불을 버리고 벗은 몸으로 도
> 망하니라"(마가복음 14:51-52)

새벽녘에 큰 소동을 듣고 잠에서 깨어 급히 홑이불을 두르
고 예수님을 따라간 한 청년이 있었습니다. 이 청년은 누구
일까요? 마가복음에만 기록된 이 청년에 대해 많은 학자들은
마가복음의 저자 '마가'일 것으로 추론합니다. 왜 마가는 자
신의 이런 부끄러운 모습을 감추지 않고 기록했을까요? 다른
복음서들처럼 꼭 들어가지 않아도 예수님이 잡히던 상황을
이해하는 데 아무런 어려움이 없는데 말이죠. 아마도 그 밤
마가는 큰 충격을 받은 듯합니다. 십자가 앞에서 자신과 사뭇
다른 예수님의 모습이 깊이 각인된 듯합니다. 마가는 몹시 궁
금했고 매우 놀라운 사건으로 그날을 기억하고 있었던 것이
분명합니다.

이미 도망간 예수님의 제자들과
예수님을 따라가다 체포될 위기에 몰리자

살기 위해 가까스로 도망친 자신.

그러나

겉옷과 속옷이 벌거벗겨진 몸으로

서 계신 분.

자신과 똑같이 벌거벗겨졌으나

도망치지 않고 잡힌 예수님.

"왜? 예수님은 그날 거기 그대로 계셨을까?"

생명 나무가 되신 예수님

예수님이 십자가에 못 박혔습니다. '생명'인 예수님(요14:6)
이 나무에 달렸습니다. 그래서 '생명 나무'가 되었습니다. 죄
를 범한 아담이 잃어버렸던 에덴의 '생명 나무'가 오늘 예루
살렘 갈보리, 골고다 언덕에 심겼습니다.

"때가 제삼시가 되어 십자가에 못 박으니라"(마가복음 15:25)

십자가 위 죄패에는 '유대인의 왕'이라고 쓰였습니다. 예수
님은 진실로 다윗의 자손 '유대인의 왕'이요, 하나님의 아들

예수님

몽클

'만왕의 왕'입니다. 하지만 그들은 예수님을 조롱할 목적으로 네 번(막15:2,9,12,18)이나 '유대인의 왕'이라고 불렀습니다. 왕으로 대하는 시늉을 하며 조롱과 희롱, 폭행을 일삼았습니다. 예수님께 왕의 옷 색깔인 '자색 옷'을 입히고, 머리에 왕관 모양의 '가시관'을 씌웁니다(17절). 왕의 오른손에 쥔 '홀'처럼 갈대를 쥐어 줍니다. 경례합니다(18절). 그리고 꿇어 절합니다(19절). 하나님이 되고자 하는 인생의 사악한 욕망이, 자기 위에 아무도 없기를 바라는 사탄의 부추김이, 참 왕을 못 박아 스스로 왕이 되고자 하는 교만이 예수님 앞에서 낭자합니다. '참 왕'인 예수님을 향한 모욕은 계속됩니다. '유대인의 왕은 단지 강도일 뿐이다'는 이미지를 심으려 강도 둘을 왕의 백성 역할로써 십자가 좌우편에 배치합니다. 이미 유대인들은 예수님을 강도로 몰아가고 있었습니다.

> "예수께서 무리에게 말씀하여 이르시되 너희가 강도를 잡는 것 같이 검과 몽치를 가지고 나를 잡으러 나왔느냐"(마가복음 14:48)

예수님은 약 칠백 년 전, 성경 이사야의 예언처럼 강도와 같이 취급받았던 것입니다.

"범죄자 중 하나로 헤아림을 받았음이니라"(이사야 53:12)

두 강도 한가운데에 예수님이 섰습니다.

세상의 중심 예수님

역사의 중심 예수님께서

십자가 형벌의 중심에 섰습니다.

우리의 자리

십자가 고통의 자리

하나님의 진노의 자리 중심에

우리 대신 예수님이 섰습니다.

사람들의 거짓 진술과 모욕이

계속해서 휘몰아칩니다.

지나가는 자들이 비아냥댑니다.

"네가 너를 구원하여 십자가에서 내려오라"(마가복음 15:30)

예수님

뭉클

십자가에서 내려오라

대제사장들과 서기관들이 한목소리, 곧 사탄의 소리를 냅니다.

> "그와 같이 대제사장들도 서기관들과 함께 희롱하며 서로 말하되 그가 남은 구원하였으되 자기는 구원할 수 없도다"(마가복음 15:31)

그들의 조롱의 내용은 오히려 예수님의 구원 사역을 증언합니다. 진실로 예수님은 인류를 구원했습니다. 하지만 자신을 구원하지 않았습니다.

> "인자가 온 것은 섬김을 받으려 함이 아니라 도리어 섬기려 하고 자기 목숨을 많은 사람의 대속물로 주려 함이니라"(마가복음 10:45)

예수님을 못 박게 한 대제사장들과 서기관들이 계속 조롱합니다.

"이스라엘의 왕 그리스도가 지금 십자가에서 내려와 우리가 보고 믿게 할지어다"(마가복음 15:32)

함께 십자가에 못 박힌 자들도 예수님을 욕합니다. "내려오라, 내려오라 십자가에서 내려오라, 십자가에서 내려와 우리가 보고 믿게 하라." 악한 자들이 기적을 요구하고 있습니다. 십자가에서 내려오는 기적을 기대했습니다. "그를 내려주나 보자." 그들의 관심은 온통 눈에 보이는 기적이었고, 그것은 예수님이 십자가에서 내려올 수 있는가였습니다.

하트 모양이 아니라 십자가 모양

우리 예수님은 십자가에서 진정 기적을 보여주셨습니다. 저들이 원하는 것과 다른 방식이었습니다. 예수님은 얼마든지 십자가에서 내려 올 수 있는 전능하신 하나님의 아들입니다. 창조주입니다. 불가능이 없습니다. 그런 예수님이 보여준 기적은 십자가에서 내려오지 않는 기적입니다. 그래서 예수님은 묵묵히 십자가에 매달려 계십니다.

예수님

뭉클

예수님은 다 아십니다.

당신이 매달려 계신 그 나무 십자가를 아십니다.

신으로서

그 나무가 언제 어디에 심기어졌으며

그 나무가 맞은 비와 바람의 양까지도 다 아십니다.

몇 년간 자랐고, 어떻게 십자가가 되었는지 다 아십니다.

예수님은 참사람으로서 나무를 아십니다.

목수 요셉의 아들로 이 땅에 오셔서

일찍 아버지를 여의고

소년 가장으로서

어머니와 동생들을 먹이기 위해

목수로 사셨습니다.

목수의 연장통을 들고

나사렛, 갈릴리 골목골목을 다니시며

나무로 된 물건들을 수리하시며

많은 나무를 만졌습니다.

나무들의 생산지와 재질의 특성을 아십니다.

내려오라! 내려오라! 사람들의 거친 요구 앞에,
모든 걸 아시고, 모든 걸 하실 수 있는 우리 예수님은
나무 십자가에서
내려오지 않으셨습니다.

예수님은 생명 나무 그 자리에 계시며
진정한 사랑을 보여주셨습니다.
예수님은 자신이 만든 중력의 법칙에 매여 고통받으셨고,
거스르지 않으셨습니다.

"사랑은 오래 참고 사랑은 온유하며 시기하지 아니하며
사랑은 자랑하지 아니하며 교만하지 아니하며 무례히 행
하지 아니하며 자기의 유익을 구하지 아니하며 성내지 아
니하며 악한 것을 생각하지 아니하며"(고린도전서 13:4-5)

"모든 것을 참으며 모든 것을 믿으며 모든 것을 바라며 모
든 것을 견디느니라"(고린도전서 13:7)

"십자가에서 내려오라, 그러면 우리가 보고 믿겠다."
그들의 외침과 달리 오히려 믿는 우리는 십자가에서 내려

오시지 않는 예수님을 보며 더욱 신뢰하고 믿음을 갖습니다. 그래서 십자가는 사랑의 상징이 되었습니다. 저주받은 죄인이 달리는 형틀에서 우리를 향한 주님의 완벽하고 절대적인 사랑의 상징이 되었습니다. 그래서 우리에게 사랑은 하트 모양이 아니라 십자가 모양입니다.

온 땅에 새 빛이

제육시, 우리 시간으로 낮 12시. 태양 빛이 작열하여 가장 밝을 때 온 땅에 '어둠'이 임하였습니다.

> "제육시가 되매 온 땅에 어둠이 임하여 제구시까지 계속하더니"(마가복음 15:33)

어둠이 예수님을 덮었습니다. 어둠이 십자가를 덮었습니다. 어둠이 온 세상을 덮었습니다. 태양 빛이 가장 뜨겁고 강렬한 시간에 온 세상은 흑암이 되었습니다. 그때 그 시간, 십자가 아래에는 그늘이 없었습니다. 찬송가 415장의 가사는 성경과 다른 시간을 상정하고 있습니다.

"십자가 그늘 아래 나 쉬기 원하네

저 햇볕 심히 뜨겁고 또 짐이 무거워"

우리는 이 찬송의 의미를 이해합니다. 주님의 십자가에 기대는 마음을 노래합니다. 찬송가 415장의 의미와 달리 십자가 사건 바로 그 시간, 예수님이 십자가 못 박힌 그 시간엔 햇볕도 없고, 그늘도 없었습니다. 어둠뿐이었습니다. 그날 12시에서 3시, 빛이 사라졌고, 세상은 참 빛을 잃었습니다. 태초에 하나님께서 "빛이 있으라"는 말씀으로 창조하신 세상에 다시 땅이 혼돈하고 공허하며 흑암이 깊음 위에 있습니다.

이 흑암의 의미는 무엇일까요? 왜 '빛이 없으라' 하나님은 명하셨을까요? 세상의 빛 예수가 고난 가운데 계심을 아버지가 차마 볼 수 없어서입니다. 또한 인간의 죄가 어떻게 하나님과 인간을 단절시키는지 보여줍니다. 흑암은 하나님의 외면, 하나님의 진노를 보인 것입니다. 모든 진노가 오롯이 십자가의 예수님에게 내립니다. 예수님이 큰 소리로 외칩니다.

"제육시가 되매 온 땅에 어둠이 임하여 제구시까지 계속하더니 제구시에 예수께서 크게 소리 지르시되 엘리 엘리 라마 사박다니 하시니 이를 번역하면 나의 하나님, 나의 하나님 어찌하여 나를 버리셨나이까 하는 뜻이라"(마가복음

예수님

몽클

15:33-4)

하나님이 예수님의 절규와도 같은 기도 소리를 들으십니다. 어둠이 사라진 것은 시간이 되었기 때문이 아닙니다. 예수님의 기도 때문이었습니다. 기도하신 그 시각에 어둠이 사라졌습니다. "나의 하나님, 나의 하나님 어찌하여 나를 버리셨나이까?" 이 기도에 하나님께서 응답하셨습니다. '빛이 있으라' 하셨고, 빛이 빛났습니다. 죄악으로 흑암이 깊음 위에 있는 세상이었습니다. 이제 온 땅에 예수님의 십자가로 새 빛이 임하였습니다. 새 창조의 첫 사역, 빛 비추시는 새 일을 행한 것입니다.

세상의 말 다 지우면

예수님의 아버지를 향한 처절한 간구에 군병 중 한 사람이 달려갑니다. 예수님은 십자가에서 '포도주'를 두 번 받습니다. 먼저는 '몰약 탄 포도주'였습니다.

"몰약을 탄 포도주를 주었으나 예수께서 받지 아니하시니

라"(마가복음 15:23)

두 번째는 '해면^{스폰지}에 적신 신 포도주'입니다.

"해면에 신 포도주를 적시어 갈대에 꿰어 마시게 하고"(마가복음 15:36)

예수님은 몰약 탄 포도주는 드시지 않고, 해면의 신 포도주는 드셨습니다. 왜 다르게 반응하셨을까요? 몰약 탄 포도주는 마취 음료인 '진통제'고, 신 포도주는 갈증 해소 '음료'입니다. 예수님은 진통제는 받지 않았고, 갈증 해소 음료는 받았습니다. 왜 온전히 진노의 잔을 감당 중인 예수님이 신 포도주는 받았을까요? 예수님께는 마지막 하실 말씀이 남아있었기 때문이지 않을까요? 예수님은 꼭 하셔야 할 그 말씀을 위해 목을 축입니다.

"예수께서 큰 소리를 지르시고 숨지시니라"(마가복음 15:37)

예수님은 마지막 한 마디를 힘을 다해 내셨습니다. 죽음에 다다른 몸으로, 작은 신음도 내기조차 힘든 몸으로 마지막 거

예수님

뭉클

친 숨을 들이마시고 외친 한마디였습니다. 우리는 살아오며 무수한 말을 했습니다. 오늘도 많은 말과 글을 쏟아 놓습니다. 중요한 약속, 따뜻한 위로, 기운을 북돋는 농담, 때론 나쁜 말들… 지금도 수많은 말들이 쏟아집니다.

여러분은 마지막 순간에 어떤 말씀을 하시겠습니까? 혹은 마지막 순간 어떤 말을 듣고 싶으신가요? 우리는 어떤 말을 해야 하고 어떤 말을 들어야 할까요? 우리는 십자가에서 정녕 들어야만 하는 말을 들을 수 있습니다. 우리 존재의 근원적인 문제, 영원한 죽음 앞에 놓인 온 인류가 들어야 할 말, 기다린 그 말을 들을 수 있습니다. 예수님이 마지막 목을 축이시고 큰소리로 외치신 그 말씀.

"테텔레스타이 Τετέλεσται"

저주의 죗값을 다 치르시고, 구원을 이루신 외마디.

"다 이루었다."

아담서부터 온 인류가 기다려 온 말입니다. 세상의 무수한 말 중에 가장 소중한 말. 한 가수의 노랫말처럼 세상의 말 다 지우고 지우면 남는 그 말 한마디. 사랑을 다 이루신 말. 저와 여러분을 살리신 선포,

"다 이루었다"

예수님은 십자가에서
마지막 거친 숨을 몰아 내쉬며
"테텔레스타이"
우리의 구원을 완수하셨습니다.

"예수께서 신 포도주를 받으신 후에 이르시되 다 이루었
다 하시고 머리를 숙이니 영혼이 떠나가시니라"(요한복음
19:30)

진실로 남을 구원하고,
우리를 구원하고,
자기를 구원하지 않으셨습니다.

성소의 휘장이 위로부터 아래로 완전히 찢어졌습니다. 예
수님 몸을 찢어 하나님께 나아가는 성소의 문을 완전히 열어
주셨습니다.

"그러므로 형제들아 우리가 예수의 피를 힘입어 성소에
들어갈 담력을 얻었나니 그 길은 우리를 위하여 휘장 가운
데로 열어 놓으신 새로운 살 길이요 휘장은 곧 그의 육체

예수님

몽클

니라"(히브리서 10:19-20)

'양의 문'이 되신
예수님을 통해,
십자가로 모든 죄를 대속하신
예수님을 통해,
하나님께 나아갈
새로운 살길이 열렸습니다.

하나님의 아들이었도다

로마 제국의 장교 백부장, 그는 모든 과정을 다 지켜보았습니다. 심문 과정에서 예수님의 침묵과 십자가 못 박힘과 십자가에서의 모습과 말씀을 다 보았습니다.

"예수를 향하여 섰던 백부장이 그렇게 숨지심을 보고 이르되 이 사람은 진실로 하나님의 아들이었도다 하더라"(마가복음 15:39)

백부장은 예수님의 십자가 죽음 앞에 이렇게 진술합니다.

"이 사람은 진실로 하나님의 아들이었도다"

예수님은 진실로 하나님의 아들이십니다. 이 고백을 한 백부장의 이름은 전승에 따르면 '페트로니우스'입니다. 그는 이때부터 그리스도인이 되어 복음을 전하다가 지금의 튀르키예 지역 갑바도기아에서 순교하였다고 전해집니다.

유대 종교 지도자들은 예수님을 믿지 않았습니다. "찬송 받을 이의 아들이냐"고 비아냥거리며 예수님을 신성 모독죄로 정죄했습니다. 그러나 이방인 백부장은 진리를 확신했습니다.

"이 사람은 진실로 하나님의 아들이었도다"

하나님께서는 마가를 통해 예수님이 하나님 아들이라는 사실을 분명히 알려주십니다. 예수님 공생애 시작 때, "너는 내 사랑하는 아들이라"(막1:11) 들려주셨고, 예수님 공생애 마지막 때, "이 사람은 진실로 하나님의 아들이었도다"(막15:39)라고 듣게 하십니다. 이렇게 마가복음은 앞뒤를 감싸며 예수님이 '하나님의 아들'이심을 분명히 선포합니다.

두려움이 사라지네

저희 교회는 매 주일 예배를 마치기 전 복음성가 〈살아계신 주〉를 찬양합니다. 후렴은 이렇습니다. "살아 계신 주 나의 참된 소망, 걱정 근심 전혀 없네." 그런데 저는 혼자 찬송가 171장의 가사로 고쳐 부르곤 합니다.

"살아 계신 주 나의 참된 소망, 두려움이 사라지네."

"걱정 근심 전혀 없다"는 복음성가의 가사는 신앙인에게 걸맞은 가사입니다. 하지만 이 찬양을 부르고 있는 우리의 실제 삶에는 이미 밀려온 두려움이 존재합니다. 부인할 수 없는 걱정 근심이 있습니다. 그래서 부족한 모습 그대로 주님께 올려드립니다. 두려움을 없이 하실 분은 예수님 밖에 없음을 가슴에 새깁니다. 힘차게 찬양을 부르고 감았던 눈을 뜹니다.

시시때때로 우리에게 두려움이 몰려옵니다.

그럴 때 우리는 주님의 십자가를 바라볼 수 있습니다.

"테텔레스타이"

이미 다 이루신 주님의 승리를 바라봅니다.

두려움은 사라지고,

따뜻한 주님의 빛이

우리를 감싸주실 겁니다.

우리를 위해 십자가에서 내려오지 않으신
기적의 주님께서
우리의 두려움의 자리로 내려와
손잡아 주실 겁니다.
끝내 '주님이 다 이루셨습니다'
고백하게 하실 겁니다.

십자가
아래 서서
주님을
바라봅시다.
벌거벗은 우리의 영혼에
그리스도로 옷 입혀 주실 겁니다.

예수님

몽클

믿음이 식을까 두려울 때

#부활하신후

이 성 미 코 미 디 언

마음으로 책을 만났다. 이 울컥거림은 뭘까? 예수님의 눈물을 만나고 내 눈물을 닦아주셨던 기억에 잠시 책 속에 빠져 눈물을 훔쳤다. 한땀 한땀 정성을 다해 책을 써 내려간 섬세함에 내 마음을 빼앗길 만큼 글이 나를 삼킨다! 내 눈물 아시는 주님이 나를 붙들어주시는 시간을 만나본다.

부활하신 예수님이 제자들을 만나러 왔습니다. 밤새 물고기 잡느라 지치고 허기진 그들을 위해 따뜻한 아침밥을 준비해 주셨습니다. 제자들이 생각지 못한 감동적인 사건이었습니다.

"예수께서 이르시되 와서 조반을 먹으라 하시니 제자들이 주님이신 줄 아는 고로 당신이 누구냐 감히 묻는 자가 없더라"(요한복음 21:12)

아침밥 먹자

예수님은 십자가를 지기 전 제자들에게, 부활한 후에 갈릴리에서 만나자고 약속했습니다. 그 약속을 믿고 제자들이 갈릴리에 왔습니다.

"가서 그의 제자들과 베드로에게 이르기를 예수께서 너희
보다 먼저 갈릴리로 가시나니 전에 너희에게 말씀하신 대
로 너희가 거기서 뵈오리라 하라 하는지라"(마가복음 16:7)

예수님을 기다리던 베드로가 옛 솜씨를 발휘할 요량으로
물고기 잡으러 가겠다고 나섭니다. 다른 제자들도 베드로를
따라 배에 오릅니다. 밤이 새도록 수고하였지만 잡은 것이 없
습니다. 어느새 예수님이 갈릴리에 오셨지만 제자들은 알아
보지 못합니다.

"날이 새어갈 때에 예수께서 바닷가에 서셨으나 제자들
이 예수이신 줄 알지 못하는지라 예수께서 이르시되 얘들
아 너희에게 고기가 있느냐 대답하되 없나이다 이르시되
그물을 배 오른편에 던지라 그리하면 잡으리라 하시니 이
에 던졌더니 물고기가 많아 그물을 들 수 없더라"(요한복음
21:4-6)

부활하신 예수님이 제자들에게 나타나신 건 이번이 세 번

예수님

몽클

째입니다. 현장에 있었던 제자는 각각 열 명, 열한 명, 일곱 명 이었습니다.

"그 후에 예수께서 디베랴 호수에서 또 제자들에게 자기를 나타내셨으니 나타내신 일은 이러하니라 시몬 베드로와 디두모라 하는 도마와 갈릴리 가나 사람 나다나엘과 세베대의 아들들과 또 다른 제자 둘이 함께 있더니"(요한복음 21:1-2)

세 번째 나타나셨을 때 일곱 제자에게 따뜻한 조반을 먹여주십니다. 십자가에서 돌아가시기 전 최후의 만찬이 있었고, 오늘 부활 후 최초의 만찬이 베풀어집니다. 이 사랑의 아침 식사를 대접받은 제자는 일곱 명입니다. 그런데 특이한 점이 있습니다. 제자들의 이름 순서가 성경의 다른 곳과는 다릅니다.

"시몬 베드로와 디두모라 하는 도마와 갈릴리 가나 사람 나다나엘과 세베대의 아들들과 또 다른 제자 둘이 함께 있더니"(요한복음 21:2)

왜 제자들의 이름 순서가 다른 복음서의 패턴과 다를까요? 성경은 제자 중에 누가 있었고, 몇 명이 있었는지 정확히 알려줍니다. 요한복음 21장에 기록된 일곱 명의 제자 중 명시적으로 이름이 드러난 사람은 베드로와 도마와 나다나엘 셋 뿐입니다. 늘 기록되던 '야고보와 요한'은 "세베대의 아들들"로 간접적으로 표현하여 감추고, 나머지 두 명은 익명 처리하였습니다. 이렇게 하여 성경은 일곱 명의 제자 중 '베드로와 도마와 나다나엘' 세 명의 이름에 우리의 시선을 집중시킵니다. 조금 더 특별한 점이 보입니다. 예수님이 부활하신 후 제자들을 세 번 만나는데 그 기록 모두에 도마가 언급됩니다. 도마가 현장에 없을 때도 말이죠.

"열두 제자 중의 하나로서 디두모라 불리는 도마는 예수께서 오셨을 때에 함께 있지 아니한지라"(요한복음 20:24)

"여드레를 지나서 제자들이 다시 집 안에 있을 때에 도마도 함께 있고 문들이 닫혔는데 예수께서 오사 가운데 서서 이르시되 너희에게 평강이 있을지어다 하시고"(요한복음 20:26)

"시몬 베드로와 디두모라 하는 도마와 갈릴리 가나 사람 나다나엘과 세베대의 아들들과 또 다른 제자 둘이 함께 있더니"(요한복음 21:2)

요한복음은 예수님이 도마를 챙기고 있다는 것을 분명히 보여줍니다. 예수님은 '의심 많은 도마'를 버리지 않았다고 말하는 것 같습니다. 일반적으로 성경에 제자들의 이름을 열거할 때 패턴이 있습니다. "베드로와 야고보와 요한"의 순서를 따릅니다. 그리고 다른 제자들의 이름은 전체 명단을 알려줄 때 외에는 잘 기록 하지 않습니다. 그런데 예수님의 부활 후에는 도마의 이름이 사건의 중심부에 등장합니다. 요한복음 21장 2절에는 "베드로와 도마와 나다나엘"이라고 언급하며, 이 세 명에 주목합니다. 요한복음은 왜 이 세 명을 언급했을까요? 우리에게 어떤 말씀을 하고 싶은 걸까요?

낯선 조합

먼저, 베드로를 생각해 보겠습니다. 이 낯선 세 명의 조합을 볼 때, 이곳에서 베드로를 제일 앞에 기록한 까닭은 다른 곳에서처럼 수제자여서가 아닌 듯합니다. 결론적으로 베드로가 십자가 앞에서 가장 큰 배신을 했기 때문입니다.

> "베드로가 저주하며 맹세하되 나는 너희가 말하는 이 사람을 알지 못하노라 하니"(마가복음 14:71)

베드로는 예수님을 부인했습니다. 그것도 세 번씩, 저주까지 하면서. 하지만 예수님은 베드로의 마음을 사랑으로 매만져 주셨습니다. 세 번 부인한 그에게 세 번 시인할 기회를 주셨습니다.

"이 사람들보다 나를 더 사랑하느냐"(요21:15)

예수님의 질문은 베드로의 말을 닮았습니다.

"다른 사람은 다 주님을 버릴지라도 저는"

베드로의 지키지 못할 고백이었지만 예수님은 귀히 여기시고 마음에 담으신 듯합니다. 그의 무색해진 호언장담을 지킬 수 있도록 용기를 주십니다.

"이 사람들보다 나를 더 사랑하느냐"

예수님은 베드로의 사랑을 이미 아십니다. 이날을 위한 것처럼 오래전 베드로와 대화를 나누었습니다.

예수님

몽클

"예수께서 대답하여 이르시되 시몬아 내가 네게 이를 말이 있다 하시니 그가 이르되 선생님 말씀하소서 이르시되 빚 주는 사람에게 빚진 자가 둘이 있어 하나는 오백 데나리온을 졌고 하나는 오십 데나리온을 졌는데 갚을 것이 없으므로 둘 다 탕감하여 주었으니 둘 중에 누가 그를 더 사랑하겠느냐 시몬이 대답하여 이르되 내 생각에는 많이 탕감함을 받은 자니이다 이르시되 네 판단이 옳다 하시고"(누가복음 7:40-43)

가장 큰 배신자 베드로는 '많이 탕감받은 자'입니다. 그래서 '더 많이 사랑할 자'입니다. 예수님은 베드로가 누구보다 자신을 더 사랑한다는 것을 아십니다. 예수님은 세 번 배신한 베드로의 잘못을 탕감해 주었고, 그의 이름을 제일 앞에 두었습니다.

"시몬 베드로와 디두모라 하는 도마와"

세 번 부인한 도마

두 번째 인물로 도마가 기록되었습니다. 도마는 요한복음

외에 다른 복음서에는 등장하지 않습니다. 그저 열두 제자들의 이름을 열거할 때 나올 뿐입니다. 그런 도마가 요한복음에만 세 번 등장합니다. 먼저, 예수님께서 죽은 나사로를 살릴 때입니다.

> "우리 친구 나사로가 잠들었도다 그러나 내가 깨우러 가노라"(요한복음 11:11)

예수님은 제자들에게 자신이 죽은 자를 살리는 생명의 주인임을 믿도록 이끌었습니다.

> "나사로가 죽었느니라 내가 거기 있지 아니한 것을 너희를 위하여 기뻐하노니 이는 너희로 믿게 하려 함이라 그러나 그에게로 가자 하시니"(요한복음 11:14-15)

이 말씀에 도마는 "주와 함께 죽으러 가자"고 말합니다.

> "디두모라고도 하는 도마가 다른 제자들에게 말하되 우리도 주와 함께 죽으러 가자 하니라"(요한복음 11:16)

예수님

몽클

예수님께서 살리러 가자 말씀하는데 도마는 죽으러 가자고 합니다. 도마의 캐릭터가 보입니다. 나사로를 살리기 전 예수님이 기도하실 때입니다.

"둘러선 무리를 위함이니 곧 아버지께서 나를 보내신 것을 그들로 믿게 하려 함이니이다"(요한복음 11:42)

제자들은 예수님이 죽은 나사로를 살리실 것을 온전히 믿지 못했습니다. 유독 도마가 믿지 못했습니다. 이 사건에서 기록된 유일한 이름은 도마뿐입니다. 죽은 자가 살아나는 것을 도무지 이해하지 못했습니다. 믿지 못했습니다. 그런데 예수님은 둘러선 무리, 그중에 도마가 온전한 믿음을 갖기를 특별히 기도해주셨습니다.

두 번째로 도마에 대한 사건은 요한복음 14장에 나옵니다. 예수님이 십자가에 달려 돌아가실 것을 예고하실 때입니다.

"내 아버지 집에 거할 곳이 많도다 그렇지 않으면 너희에게 일렀으리라 내가 너희를 위하여 거처를 예비하러 가노니 가서 너희를 위하여 거처를 예비하면 내가 다시 와서 너희를 내게로 영접하여 나 있는 곳에 너희도 있게 하리라

내가 어디로 가는지 그 길을 너희가 아느니라 도마가 이르
되 주여 주께서 어디로 가시는지 우리가 알지 못하거늘 그
길을 어찌 알겠사옵나이까"(요한복음 14:2-5)

　예수님께서 '내가 어디로 가는지 그 길을 너희가 안다'는
말씀에 도마는 '우리가 알지 못한다' 말합니다. 앞서 예수님
이 '나사로를 살리러 가자'는 말씀에 도마는 '죽으러 가자'고
했습니다. 도마는 굉장히 회의적이고 부정적인 사람처럼 보
입니다. 그에게서 무언가 우울감마저 느껴집니다. 도마는 주
님을 따르고자 하는 마음이 컸지만 온전히 믿기까지 시간이
걸렸습니다.
　세 번째로 도마가 등장한 곳은 요한복음 20장입니다. 부활
하신 주님이 처음으로 제자들에게 나타나셨을 때 도마는 그
자리에 없었습니다. 그는 아마도 예수님의 죽음으로 인한 큰
우울감에 사로잡혀 제자들과 따로 떨어져 혼자 괴로워하고
있었던 듯합니다. 여드레가 지나 예수님이 두 번째로 제자들
을 만날 때 예수님은 특별히 도마를 위해서 오신 것처럼 보입
니다. 예수님의 부활을 믿지 못하는 그에게 당신의 손을 펼쳐
못 자국을 보여주시고 옆구리의 창 자국을 확인할 수 있게 해
주십니다. 도마의 성정과 마음을 헤아리고 믿음이 자랄 수 있

예수님

몽클

도록 도와주셨습니다.

이상에서 살펴본 것처럼 도마는 요한복음에만 세 번 등장하는데 세 번 모두 의심하는 면모만 보였습니다. 예수님은 그런 도마를 찾아 조반을 먹여 주고, 제자들 이름 중에 두 번째로 언급해 주었습니다.

"시몬 베드로와 디두모라 하는 도마와"

한 번 부정한 나다나엘

세 번째 제자로 나다나엘을 주목시킵니다. 나다나엘은 복음서에 바돌로매라는 이름으로 기록되었고, 요한복음에만 단두 번, 첫 장과 마지막 장에 나올 뿐입니다. 나다나엘에 대한 구체적인 언급은 1장에 묘사되어 있습니다. 예수님이 제자를한 명한 명부르실 때 빌립이 예수님을 만났고 믿음이 생겼습니다. 빌립은 나다나엘을 찾아가 "메시아를 만났다"고 전합니다.

"빌립이 나다나엘을 찾아 이르되 모세가 율법에 기록하였고 여러 선지자가 기록한 그이를 우리가 만났으니 요셉의 아들 나사렛 예수니라 나다나엘이 이르되 나사렛에서 무슨 선한 것이 날 수 있느냐 빌립이 이르되 와서 보라 하니라"(요한복음 1:45-56)

나다나엘의 첫 반응은 '나사렛에서 무슨 선한 것이 날 수 있느냐'였습니다. 이렇게 나다나엘은 예수님을 불신한 이력이 있습니다.

그냥 내게로 오면 돼

우리는 이제 복음서의 마지막 장에 기록된 세 사람의 공통점을 찾을 수 있습니다. 안타깝지만 세 제자 모두 주님을 따르는 길에 실패를 경험한 사람이었습니다. 베드로는 예수님을 세 번 부인했고, 도마는 세 번 의심했고, 나다나엘은 한 번 부정했습니다.

예수님은 그랬던 제자들에게 조반을 먹이고, 특별히 이들의 이름을 기록해 불명예를 명예롭게 회복해 주셨습니다. 믿음이 성장해 가는 과정임을 이해하고, 다른 이들의 오해를 불식시키려 이들을 각별히 챙겨 주셨습니다. 세 제자만 위해서

예수님

몽클

가 아닙니다. 오늘 믿음에 실패하고 의심하고 제대로 따르지 못할 우리들을 위해서 기록해 두신 것입니다.

애들아, 괜찮아! 힘내렴!
너희들이 잘못할 때도 괜찮아
다시 내게 오면 돼.

내게는 물고기가 있고 떡이 있어.
열두 광주리 넘게 남았고,
큰 물고기가 153마리가 있어.
너희들에게 맛있게 구워 줄 숯도 준비했어.
언제나 내게 오면 돼.

내가 너희들을 찢어지지 않는
그물로 지킬 거야.
사람 낚는 어부가 되게 할 거야.
그냥 내게로 오면 돼!

사랑의 징표로 베드로와 도마, 나다나엘의 이름을 성경에 기록해 두었습니다. 주님은 이렇게 우리를 사랑하십니다.

사도 요한의 변화

요한복음이 흥미로운 건 저자 사도 요한이 예수님의 사랑을 꿰뚫어 보고 있다는 사실입니다. 사도 요한은 어떤 사람이었습니까? 다른 제자들보다 더 인정받고, 더 높은 자리에 앉기를 원했습니다. 어머니를 통해 예수님께 청탁까지 했던 사람입니다.

"그 때에 세베대의 아들의 어머니가 그 아들들을 데리고 예수께 와서 절하며 무엇을 구하니 예수께서 이르시되 무엇을 원하느냐 이르되 나의 이 두 아들을 주의 나라에서 하나는 주의 우편에, 하나는 주의 좌편에 앉게 명하소서"(마태복음 20:20-21)

예수님이 지어 준 우레의 아들이란 별명처럼 천둥같이 목소리가 크고, 급하고 강한 성격으로 자신의 존재감을 드러내는 사람이었습니다.

"또 세베대의 아들 야고보와 야고보의 형제 요한이니 이둘에게는 보아너게 곧 우레의 아들이란 이름을 더하셨으

예수님

몽클

며"(마가복음 3:17)

그런 요한이 '사랑의 사도'로 탈바꿈한 것입니다. 예수님이 특별히 "사랑하시는 제자"가 되었고, 사랑을 많이 받아서 많이 사랑할 줄 아는 사람이 되었습니다.

"예수께서 자기의 어머니와 사랑하시는 제자가 곁에 서 있는 것을 보시고 자기 어머니께 말씀하시되 여자여 보소서 아들이니이다 하시고"(요한복음 19:26)

요한의 변화는 감동입니다. 예수님의 부활 소식을 처음 접했을 때입니다. 베드로와 요한이 같이 예수님의 무덤으로 뛰어갑니다. 먼저 도착한 이는 요한이었습니다. 그런데 무덤에 먼저 들어간 자는 베드로입니다. 요한은 베드로가 올 때까지 기다렸습니다. 그리고 양보했습니다.

"둘이 같이 달음질하더니 그 다른 제자가 베드로보다 더 빨리 달려가서 먼저 무덤에 이르러 구부려 세마포 놓인 것을 보았으나 들어가지는 아니하였더니 시몬 베드로는 따라와서 무덤에 들어가 보니 세마포가 놓였고"(요한복음

20:4-6)

부활한 예수님을 만나러 갈릴리 호수로 가서 물고기를 잡고 있을 때도 마찬가지입니다. 예수님을 제일 먼저 알아본 제자는 일곱 명 중 요한이었습니다. 그러나 요한이 가장 먼저 예수님께 헤엄쳐 가지 않습니다. 베드로에게 '주님이시다' 알려주며 예수님을 먼저 만나도록 양보했습니다.

"예수께서 사랑하시는 그 제자가 베드로에게 이르되 주님이시라 하니 시몬 베드로가 벗고 있다가 주님이라 하는 말을 듣고 겉옷을 두른 후에 바다로 뛰어 내리더라 다른 제자들은 육지에서 거리가 불과 한 오십 칸쯤 되므로 작은 배를 타고 물고기 든 그물을 끌고 와서"(요한복음 21:7-8)

요한은 어찌 이리 사랑스럽게 변했을까요? 요한은 들었습니다. 듣고 마음에 새겼습니다. 예수님께서 마지막 날 밤까지 다락방에서 가르치신 말씀을 심장에 기록했습니다.
"서로 사랑하라"
요한은 보았습니다. 무시무시한 권력자들이 군대를 끌고 겟세마네 동산에 오던 모습을 기억합니다.

"유다가 군대와 대제사장들과 바리새인들에게서 얻은 아
랫사람들을 데리고 등과 횃불과 무기를 가지고 그리로 오
는지라"(요한복음 18:3)

군인들과 대제사장들과 바리새인들이 칼과 몽치, 무기를
가지고 예수님을 잡으러 올 때, '나만 잡아 가거라. 내 제자들
은 건드리지 말거라' 하신 말씀이 심장을 울리고 있습니다.

"예수께서 대답하시되 너희에게 내가 그니라 하였으니 나
를 찾거든 이 사람들이 가는 것은 용납하라 하시니"(요한복
음 18:8)

어느덧 요한은 자기 사람을 사랑하시되 끝까지 사랑하시
는 예수님의 마음을 닮았습니다. 예수님 닮은 요한을 통해 성
령 하나님께서 사복음서의 마지막 세 장, 요한복음 19, 20, 21
장에서 '베드로와 도마와 나다나엘'을 다 회복시킵니다.

마지막 장이 기록되기 전, 예수님 뭉클

자기 사람을 사랑하시되 끝까지 사랑하시는 주님이 우리도 회복시키실 겁니다. 우리 삶의 마지막 장이 기록되기 전에 그리하실 겁니다. 우리의 가족, 배우자, 자녀, 손주, 부모님의 마지막 장이 기록되기 전에 그리하실 것이 분명합니다.

믿음이 흔들렸던 제자들이 다 온전해졌습니다. 이름 없던 자들이 명예롭게 되었고, 확신 없던 자들이 다 성장하게 되었습니다. 이 모든 일은 예수님의 사랑이 가능하게 했습니다. 그 사랑으로 예수님이 우리를 사랑하십니다.

요한복음 21장에 나오는 이 낯선 순서의 이름들, 주님은 이들에게 부활의 만찬을 먹이셨고 우리에게 저 찬란한 나라 새 하늘과 새 땅에서 영광의 만찬을 먹이실 겁니다.

우리가 그때까지
도마처럼 우울한 날이 있을지라도,
베드로처럼 넘어지는 때가 있을지라도,
나다나엘처럼 어떻게 이런 일이 있습니까
반문하는 날이 있을지라도,
주님은 늘 우리에게 아침밥을 먹여주실 겁니다.

예수님
뭉클

같이 가자 손잡아 주실 겁니다.

주님이 자기 사람을 사랑하시되
끝까지 사랑하십니다.
우리를 결코 놓지 않습니다.
하나도 잃어버리지 않으십니다.

하나님의 신실하심을 꼭 붙잡고
예수님 따라가는 우리 모두 되길 소망합니다.
그리하실 주님을 기대합니다.

당신을 축복합니다.
예수님 뭉클이고,
당신도 뭉클입니다.

뭉클하며 떠난 길

'마음을 가다듬자. 울면 안 된다.'

예배 인도를 위해 강단에 오르며 저 자신에게 이야기합니다. 예배 인도자가 찬양을 인도하다가 울면 여간 낭패가 아닙니다. 공적인 역할을 해야 하기 때문입니다. 다행히 많이 성공하였고, 그러나 여러 번 실패하였습니다.

"예수님은 누구신가
우는 자의 위로와
없는 자의 풍성이며
천한 자의 높음과
잡힌 자의 놓임 되고
우리 기쁨 되시네

예수님은 누구신가
약한 자의 강함과
눈먼 자의 빛이시며
병든 자의 고침과
죽은 자의 부활되고
우리 생명 되시네

예수님은 누구신가
추한 자의 정함과
죽을 자의 생명이며
죄인들의 중보와
멸망자의 구원되고
우리 평화 되시네

예수님은 누구신가
온 교회의 머리와
온 세상의 구주시며
모든 왕의 왕이요
심판하실 주님 되고
우리 영광되시네"

예수님

몽클

이 찬송을 부르다 어떻게 울지 않을 수 있단 말인가요?

강단에서 찬송을 부르며 찬송가 가사가 아닌 악보 설명이나 음표를 자꾸만 봅니다. 찬송에 몰입되지 않기 위해서입니다. 바른 자세는 아니지만, 눈물을 참기 위한 궁여지책입니다. 회중석에 앉아있을 때는 눈물이 나면 멈추어 진정하면 되는데 강단에서는 계속 부를 수밖에 없으니 울음을 참기란 여간 어려운 일이 아닙니다.

하나님 사랑은 너무 큽니다. 세상에 우리 주님 같은 분이 어디 있을까요?

《예수님 뭉클》을 읽으신 여러분께 감사를 드립니다. 성령하나님이 주신 뭉클함을 여러분과 나눌 수 있어 행복합니다. "예수 사랑하심을 성경에서 배웠네⋯ 날 사랑하심 날 사랑하심 날 사랑하심 성경에 쓰였네"(찬송가 563장) 예수님의 따뜻한 사랑에 위로와 힘을 얻으셨기를 바랍니다. 사도요한처럼 예수님의 사랑을 많이 받아서 사랑스러운 자임을 아셨으면 좋겠습니다. 그 사랑으로 예수님을 더 많이 사랑하고, 성경을 더 많이 사랑하셨으면 하는 바람입니다.

문화사역자가 되기까지

복음이 세상에 친근하게 따뜻하게 전해지면 좋겠습니다. 그래서 교회에 대한 불신과 예수님에 대한 오해가 사라지고 우리 하나님의 사랑과 위대하심이 선명하게 보이면 좋겠습니다. 그것이 우리 모두의 바람인 것처럼 제게도 기쁜 숙제처럼 여겨졌습니다. 그래서 혼자 해운대 바다가 보이는 사무실 책상에 앉아 있곤 했습니다. 2018년 부활절을 앞둔 어느 하루였습니다. '고난주간-부활절'이 온 세상에 가장 중요한 사건인데, 교회가 이 소중한 때를 명징하게 보여줄 방법이 없을지 고민이 되었습니다. 달걀을 전달하는 귀한 나눔을 넘어 그 본연의 의미를 어떻게 살릴 수 있을까? 단순하면서도 분명하게 이 귀중한 사건이 전달될 방법이 없을까? 인류를 살리신 예수님의 생명의 피 흘리심과 다시 사심이 성도와 이웃들에게 직접적으로 전해지는 본질적 이벤트를 꿈꿨습니다. 백여 장 가까운 PPT를 만들어 담임목사님께 제안 드렸습니다. '예수님의 보혈을 헌혈의 사랑으로 전하자'는 것이 핵심이었습니다. 성도님들은 헌혈하며 예수님의 피 흘리신 사랑을 온몸으로 묵상합니다. 그리고 묵상하며 헌혈한 혈액이 꼭 필요한 분들의 생명을 살릴 수 있게 됩니다. 세상은 교회의 단체 헌

예수님

몽클

혈을 통해 전하는 '생명의 피', 예수님의 십자가 피의 필요성
과 부활의 메시지를 반복적으로 생각할 수 있게 됩니다. 세상
의 주목을 끌기 위해 기네스북에 도전을 준비했습니다. 한국
교회뿐 아니라 전 세계 교회가 다 같이 헌혈을 하고 한목소
리로 이런 메시지를 전달한다면 복음이 더 잘 드러날 거라
는 기대가 있었습니다. 그런 마음으로 크리스마스에는 '크리
스버스킹'사역을, 뉴노멀 지구환경캠페인 '멋지구나 캠페인'
을, 이웃을 위한 배려를 하자는 '땡큐 배려 머치'와 '택배 기
사 응원 챌린지'를, 그리고 '성경목록가 501'을 기획하였습
니다. 목회자로 부르심을 받기 전 몸담았던 광고 기획일이 자
원이 되었습니다.

중등부 때 듣게 된 문화 특강을 통해 세상에 '예수 문화'를
만드는 사람이 되기를 꿈꿨었습니다. 그 꿈을 잊은 적은 없지
만 그렇다고 전략적으로 준비하지는 않았습니다. 하나님이
빚으시는 대로 음악과 방송, 광고 일을 하다가 말씀 사역자의
길을 걸었습니다. 그리고 이제 문화 사역의 걸음을 내딛게 되
었습니다.

시대를 보며 아픈 마음이 있습니다. 칼 트루먼Carl R. Trueman

교수는 성경적 관점을 따라 절망도 낙관도 하지 말라고 했지만 어두움이 짙어가는 세상을 보며 마음이 아린 건 숨길 수 없습니다. 그 옛날 믿음의 선조들처럼 하나님의 약속을 바라봅니다. 현실을 마주하며 소망을 붙잡습니다. 하나님을 예배합니다. '창조-타락-구속-완성'의 위대한 날을 갈망합니다.

대학 때 SBS 시트콤 〈웬만해선 그들을 막을 수 없다〉의 스텝으로 일했던 친구는 저를 늘 '김감독'이라고 불렀습니다. 사랑하는 제자 배우 문지인 자매도 입에 익숙해서인지 한 번씩 저를 '감독님'이라고 불렀습니다. 저는 '감독'을 '감동'으로 바꾸어 자신을 '김감동'이라고 불렀습니다. 방송일을 배우던 대학생 때도 목사가 된 후에도 한 번씩 감독이라 불리는 게 좋았습니다. '감동'이 되고 싶었기 때문입니다. 사람들에게 또 누구보다 예수님께 감동을 드리는 사람이 되고 싶었습니다. 지금도 앞으로도 예수님께 뭉클이 되고 싶습니다. '한국문화선교 기획연구소'도 저도 하나님과 교회와 시대에 뭉클이 되고 싶습니다.

예수님

뭉클

한국문화선교 기획연구소

한국문화선교 기획연구소는 시대의 흐름을 읽고 기독교의 본질적 복음 가치를 전합니다. 오늘의 문화가 기독교 신뢰 추락을 넘어 혐오를 부추기고 있습니다. 기독교 내부도 심상치 않습니다. 사도 바울이 에베소 교회를 떠나며 남긴 말을 떠올리게 합니다.

> "내가 떠난 뒤에, 사나운 이리들이 여러분 가운데로 들어와서, 양 떼를 마구 해하리라는 것을 나는 압니다. 바로 여러분 가운데서도, 제자들을 이탈시켜서 자기를 따르게 하려고, 어그러진 것을 말하는 사람들이 나타날 것입니다."
>
> (사도행전 20:29-30, 새번역)

우리 세대보다 다음 세대가 예수님 믿기 더 좋아지기를 바라며 연구소가 설립되었습니다.

대한민국 사회에 기독교 이미지 제고, 신뢰도 회복이 이루어지고, 성도들이 성경을 사랑하고 교회를 사랑할 수 있도록 돕는 사역을 합니다. 기획과 콘텐츠 제작, 강연과 설교를 통해 우리와 다음 시대를 준비하고 있습니다.

예수님 뭉클

초판 1쇄 발행 2024년 10월 22일

글쓴이 김태영
펴낸이 정선숙

펴낸곳 협동조합 아바서원
등록 제 274251-0007344
주소 경기도 고양시 덕양구 삼원로51 원흥줌하이필드 606호
전화 02-388-7944 **팩스** 02-389-7944
이메일 abbabooks@hanmail.net

© 협동조합 아바서원, 2024

ISBN 979-11-90376-80-8 03230

잘못 만들어진 책은 구입한 곳에서 교환해 드립니다.